编委（按姓氏笔画排列）：

丁少杰　王　卉　刘　莹　吴明俊　邹　昱　沈伟华
宋俊锋　陈小俊　郁从蕾　季雨林　季明华　季忠苑
竺娜亚　周　莉　周晓峰　胡伟俭　曾立新　曾国健

浙江省普通高校"十三五"新形态教材

龙泉青瓷艺术赏析

龙泉青瓷

APPRECIATION
OF LONGQUAN
CELADON ART

季忠苑 主 编

周晓峰 刘 莹 周 莉 副主编

ZHEJIANG UNIVERSITY PRESS
浙江大学出版社

序

《龙泉青瓷艺术赏析》是季忠苑副教授组织部分陶艺教师编写的一本本科生通识教育教材，也是面向大众的普及类青瓷读本，同时也是由他主持的浙江省普通高校"十三五"新形态教材项目和全国普通高校中华优秀传统文化传承基地——青瓷基地的成果。该教材几经讨论，几经修改打磨，终于与大家见面了。

该教材最大的特点在于引导学生在对龙泉青瓷历史发展过程的史实阅读中，有选择、有重点地加深对龙泉青瓷经典作品的认识和理解。该教材将经过选择的一系列经典作品放在相应的历史背景中进行图说，使历史轨迹与作品的生成有机融合、相互架构，让学生在历史与社会、文化与民生的环境变化中，掌握龙泉青瓷工艺技术与创作艺术不断更迭的由来。因此，该教材在引导学生进行赏析的过程中，不是仅仅着眼于对青瓷作品在视觉感受上的形式分析与理解，而是有意识地在历史与文化的高度上为学生建立一种多元与立体的审美视角。

该教材是以对龙泉青瓷的认识开始的。从常识起步，这对没有接触过龙泉青瓷的学生来说，尤为必要。该教材对龙泉青瓷窑址考古的介绍，从对青瓷制作工艺特征的阐释，对民间青瓷典故传说的叙述等不同方面介绍了龙泉青瓷的概貌。尤其是对龙泉青瓷工艺特征的阐释，着墨较多，且精准明了。这些都为学生进入龙泉青瓷赏析阶段打好常识性、基础性和感觉性的知识准备，非常符合通识教育的课程学习特征。

另外，该教材在最后还为学生设置了了解当代龙泉青瓷创新发展的一章，比较详尽地介绍了龙泉青瓷的产业结构、工艺设计、艺术价值、文化影响等方面的情况。这为学生展示了一个宽阔的未来视野，即龙泉青瓷作为联合国教科文组织非物质文化遗产代表作，作为中华民族的优秀传统文化与经典遗产，不仅具有丰厚而绵远的文化历史脉系，而且还有着无限广大的发展空间和旺盛持久的生命活力。由此激发起学生的文化自信与文化自觉，乃至文化担当与文化使命，成为教材育人思想、教育目标设计的制高点。

　　作为一本新形态教材，我认为该教材找到了自身的特点与特色，每个部分都穿插相应的视频学习资料，图文并茂。相信该教材在使用中能发挥更好的教学效果，取得更大的教育成果，并从中得到不断的完善与补充。

丽水学院中国青瓷学院院长　周绍斌

2020 年 3 月 28 日

第一章　认识龙泉青瓷

第二章　图说千年龙泉窑

第一章

认识龙泉青瓷

第一节 龙泉青瓷概要

龙泉青瓷以瓷质细腻、线条明快流畅、造型端庄浑朴、色泽纯洁而著称于世，素有"青如玉，明如镜，声如磬，薄如纸"之称，为瓷中之宝，珍奇名贵。龙泉青瓷以铁作为主要呈色剂，釉面基本色调呈青绿色，主要分为两种类型：一种是白胎和朱砂胎青瓷，称"弟窑"或"龙泉窑"；另一种是釉面开片的黑胎青瓷，称"哥窑"。

龙泉青瓷的传统釉色以"粉青""梅子青"著称。现代的龙泉青瓷在继承和仿古的基础上更有新的突破，研究成功紫铜色釉、高温黑色釉、虎斑色釉、赫色釉、茶叶末色釉、乌金釉和天青釉等。在釉面装饰设计上，有"青瓷薄胎""青瓷玲珑""青瓷釉下彩""象形开片""文武开片""青白结合""哥弟窑结合"等。

问瓷

龙泉青瓷温润如玉，具有玉文化的内涵，被誉为人工制造的美玉。中国古代《诗经》中有"言念君子，温其如玉"之说，将有德之人喻为玉。龙泉青瓷釉色与自然界青绿色调相融合，符合"道法自然"的古典审美理想。

龙泉窑历史沿革

在中国制瓷史上，最早出现的瓷器是青瓷。中国的原始青瓷始于先秦时期，至东汉烧制出成熟青瓷。浙江是青瓷的发祥地，龙泉窑是青瓷窑系的杰出代表。根据出土文物推测，龙泉青瓷可能始烧于公元 3 世纪，而据窑址考古调查判断，龙泉青瓷至迟于唐五代逐渐形成自身特征，北宋开始迅速发展，南宋登峰造极，元代迅猛扩张，明代早期持续繁荣，明代中后期至清代逐渐衰退，民国时期渐渐复苏。新中国成立以后走向中兴。

第二节　龙泉青瓷窑址

　　中国近代田野考古学家陈万里先生说:"一部中国陶瓷史,半部在浙江;一部浙江陶瓷史,半部在龙泉。"龙泉青瓷传统烧制技艺一直延续至今,目前已发现的龙泉窑址有 600 多处,其中龙泉境内有 398 处。龙泉窑是中国陶瓷史上窑址数量最多、窑业规模最大、销售范围最广的青瓷名窑。历史上,龙泉青瓷随国际商贸和文化交流,流布于 50 多个国家和地区,在国内外具有深远的影响力。2009 年 9 月 30 日,龙泉青瓷传统烧制技艺正式入选联合国教科文组织的非物质文化遗产代表作名录,成为世界上唯一入选"非遗"的陶瓷类项目。

　　龙泉窑主要发端于龙泉南区大窑、金村、黄石玄一带,以龙泉为中心,历宋、元、明等朝代的发展,窑址已遍及龙泉境内沿溪各地及庆元、云和、莲都、遂昌、缙云、永嘉乃至福建浦城等县(市)部分地方,形成了历史上罕见的庞大瓷窑体系。各窑口的生产工艺及产品风格均与龙泉"弟窑"产品一致,因此统称为"龙泉窑"。

龙泉窑窑址简介

第三节　龙泉青瓷特征

　　龙泉青瓷传统烧制技艺是以当地紫金土、瓷土、石英和石灰石等为原料，以手工拉坯成型技术、家传配料方法，用窑炉高温（1310℃左右）烧制青瓷的一种传统手工技艺，具有制作性、技能性和艺术性特征，以及以下四个方面的独特技术。

1. 青釉配制技术

　　制釉的主要原料为紫金土、瓷土、石英、石灰石、植物灰。配制过程是将上述原料分别焙烧、粉粹、淘洗后按比例混合制成釉浆。好的釉配方需要数百次试验才能成功，多以师徒或家族相传，秘而不宣。

2. 厚釉装饰技术

　　即采用多次施釉的方法，将坯体晾干、素烧、施釉，然后再晾干、素烧、施釉，如此反复三至四次，最后烧制成温润如玉的厚釉青瓷。青瓷装饰技法还有刻花、划花、印花、贴花、剔花、镂空、捏塑、堆塑、点彩、露胎等。

3. 青瓷烧成技术

　　龙泉青瓷的烧成过程分烘干、氧化、恒温、还原、高火氧化、降温六个阶段。厚釉青瓷烧成难度大，温度偏高或偏低，都达不到如玉的效果。艺人们借助温度计，结合观察火焰颜色及其他长年积累的经验控制烧成温度、时间与气氛。

唯美标杆：中国
青瓷技艺特征

5

4. 开片控制技术

釉面开片技术主要是利用胎釉膨胀系数不同，控制胎的配方，同时配以热胀冷缩的技术处理，使釉面开片或不开片，开大片或开小片，产生龙纹、鱼纹、蟹爪纹等象形开片的艺术效果。

第四节　龙泉青瓷典故

1. 哥窑、弟窑

传说，北宋末年，宋徽宗、宋钦宗为金军所俘，史称"靖康之变"。宋室逃离北方南渡后，建立南宋，定都临安。由于宋室南渡时金银器皿遗失无数，于是便在江南寻找良工巧匠，以制作宫廷御用器物，其中就有龙泉的章生一、章生二两兄弟。兄弟俩是龙泉青瓷大匠章有福之子。大哥生一生性沉默寡言，勤劳肯干；小弟生二聪明好学，心灵手巧。平日里他们一见到父亲制坯做碗，捏龙塑凤，就目不转睛地学着做，深得其父真传。

由于积劳成疾，章有福未过花甲之年就驾鹤西去。临行之前，他把两个儿子叫到床前说："我这一生遵循祖法烧制青瓷无数，只有一个遗憾，就是未能将青瓷技艺更进一步，希望你们两兄弟能齐心协力，将章家的瓷业做大，走出先人未走之路。"

兄弟俩料理好后事，章生一对章生二说："父亲遗愿我们不敢相忘，但走先人未走之路必定坎坷，而我们章家的老窑不可断绝，父亲留下的窑你且继承，继续做我章家原有之青瓷，我于河边另起一窑，试制新瓷好完成父亲的遗愿。"章生二自然不忍大哥如此牺牲，但长兄如父，章生一执意要将家传老窑让给弟弟，章生二无奈之下只好同意，继承了章有福留下的琉田半山老窑，而章生一则在老窑二里开外的河边新设一窑。

改良之路岂是说走就能走通的，试验了一年多，章家兄弟也还是没有改良烧制出更好的青瓷，但章家兄弟都是倔强的人，父亲的遗愿怎么能够放弃？两人都在努力地坚持着。

正在此时，南宋宫廷听说了龙泉琉田村章家瓷器的精美，于是派遣使者向章家两兄弟下达诏书，让他们呈贡一批青瓷，以作御用。章家兄弟不敢怠慢，夜以继日地制作青瓷。

龙泉青瓷传统
龙窑烧制技艺活动

这天傍晚，章家兄弟把做好的青瓷坯子放入龙窑中烧制之后，突然天降大雨。章生一想到弟弟的龙窑在半山腰上，循山势而建，过去父亲在的时候每逢如此天气，便要加固龙窑，以防山石滑落，更要疏通水渠，防止流水浸入窑中。章生一到了弟弟的窑边，龙窑在两兄弟的齐心努力下没有被这场大雨毁坏，章家两兄弟心里的石头总算落下了。

章生一看到弟弟的窑已经没什么事了，就回到了自己二里开外的窑里。只见龙窑上方挡风遮雨的瓦棚上面，各种瓦片被风吹得七零八落，一点一点的雨水顺着缝隙滴到龙窑上，堆在旁边的柴火也被雨水打湿了，炉膛里的火也是忽明忽暗……见此情景，章生一一阵黑昏，这可是几个月的心血，朝廷诏令的期限马上就要到了，再重新制作一窑已经不可能了。无奈之中，章生一只好硬着头皮继续烧，期待老天爷能开开眼，让这窑青瓷不出问题。

时间很快就过去了，章生一颤抖着打开了匣钵的盖子，只见新鲜出炉的青瓷在阳光下熠熠生辉，章生一心里一阵激动。这些青瓷看起来似乎没什么问题，但是当他仔细一看，顿时心如死灰，只见这些青瓷的釉面开出了一道道裂纹，如同蜘蛛网一般交织在整个青瓷之上。章生一不死心，将所有的匣钵全都打开，结果几乎所有的青瓷都是这样，他绝望地跌坐在地上。

章生二闻讯赶来，看到哥哥这满地的开片青瓷，大吃一惊，不禁痛哭流涕。朝廷的使者马上就要来带走这些青瓷了，这些"废品"青瓷又如何向朝廷交差呢？

上交了这些有瑕疵的贡瓷后，一日，朝廷的使者队伍浩浩荡荡地来到了门外，使者见到章家兄弟，却格外高兴，他对章家兄弟说道："皇上对你们兄弟俩做的青瓷格外喜欢，尤其是章家大哥做的青瓷，上面的隐纹如蟹爪如鱼子，别有趣味，前所未见。"

章家兄弟终于如释重负。使者又好奇地向章家兄弟询问这青瓷纹路的制法，章生一苦笑连连，便将其中曲折向使者全盘脱出，使者听完其中隐情，对章生一更为敬重，回宫以后即向皇帝禀告。皇帝听说此事之后，龙颜大悦，遂将章生一的开片青瓷命名为"哥窑"，将章生二的青瓷命名为"弟窑"。就这样，章家兄弟的瓷器一炮而红，从此名扬天下。

这就是哥窑、弟窑的传说，哥窑为开片瓷，弟窑为不开片瓷，真正的原因是哥窑青瓷在烧造过程中，瓷胎膨胀系数比胎釉膨胀系数大，烧成之后的青瓷表面就会布满像裂痕一样的纹路。

弟窑青瓷釉层丰润，釉色青碧，光泽柔和，晶莹滋润，胜似翡翠，以粉青、梅子青为显著特征。哥窑为中国宋代五大名窑之一。哥窑青瓷以瑰丽、古朴的纹片为装饰手段，如冰裂纹、蟹爪纹、牛毛纹、流水纹、鱼子纹等，加之其釉层饱满、莹洁，素有"紫口铁足"之称，与釉面纹片相映，更显古朴、典雅。

哥窑、弟窑

2. 雪拉同

约在1610年，法国著名小说家杜尔夫的小说《牧羊女亚斯泰莱》被搬上了舞台。这是一个美丽而动人的爱情故事，讲述了美貌绝伦的牧羊少女亚斯泰莱爱上了英俊朴实的牧羊人雪拉同。当英俊少年雪拉同出场的时候，他身披一件翠绿色的斗篷，这个被人类共识为"五色之首"的绿色，让在场的观众欢呼雀跃，为之倾倒。那翠绿的色彩，把天性浪漫的法国人一下子带进了梦幻般的联想之中。立时，"雪拉同的斗篷"成为当时巴黎从上到下最为流行的服装颜色，雪拉同的扮演者也在一夜间成为年轻姑娘们心中的偶像。

就在法国人轻松、舒缓地将这支"绿色梦幻曲"弹奏了几十年后，1689年至1700年，沿着"新航路"出发的第一艘远航中国的法国商船"昂菲得里特"号顺利返抵巴黎,当一箱箱的货物被搬下船,并在灿烂的阳光下开箱检验的时候,人们惊呆了,箱子里是一件件极其精美的、来自中国的青绿色瓷器。

法国人又一次为这种青翠欲滴的色泽所感动,其热爱程度几乎到了"癫狂"的地步。能用什么样的语言和恰当的词汇来形容它们呢?人们自然地就联想到了曾风靡法国朝野的"雪拉同的斗篷"。于是,怀着无比愉悦和敬仰的心情,法国人赋予了这批中国青瓷一个神圣而浪漫的名字——"雪拉同"。从这天起,"雪拉同"(英文 celadon)就成了"中国青瓷"的专有名词,并且一直沿用到了今天。

3. 祭碗窑

有一个善良、美丽的姑娘叫叶青姬,她的父亲叶老大带领窑工们正为窑主烧制一批宫廷祭用瓷,但是,烧了一窑又一窑的瓷器,都不成功。眼看工期将至,窑主发怒,宫廷派来的监工更是恼羞成怒,扬言这最后一窑再不成功,就要把叶老大一家和所有窑工全部问斩。

善良、刚毅的叶青姬,为了拯救父亲、家人和窑工们,纵身祭窑。

失去女儿的叶老大,强忍悲痛,对烧窑更加谨慎。终于,叶老大烧出了温润如玉、青翠欲滴、明滑透亮的青瓷。大家都说,这是叶青姬的化身,是她让他们烧出如此精美的瓷器。为了纪念叶青姬,窑工们称她为"九天玄女",世世代代供奉在自己的窑场里。同时,将贡品瓷器以龙泉方言称作"青瓷",谐音"青姬"。

🎧 雪拉同、祭碗窑

祭碗窑的典故说明人们对龙泉青瓷诞生之不易怀着无限崇敬,是创造者对创造物的虔诚神化,阐述了青瓷所隐含的神奇寓意。

第五节　龙泉青瓷成型工艺

　　有关龙泉窑的生产工艺,明朝陆容在《菽园杂记》卷十四中做了概括的叙述:"匠作先以钧运成器,或模范成形。候泥干,则蘸油涂饰,用泥筒盛之,置诸窑内,端正排定,以柴筱日夜烧变。候火色红焰无烟,即以泥封闭火门,火气绝而后启。"据文字记载和实地考察,龙泉青瓷的成型工艺主要采用拉坯、泥条、泥片、捏塑、模具五种。前面四种属于手工成型,模具成型则依靠模具来完成。每种工艺都有自己的特点,制瓷者只有掌握了它们的特性,才能选择最佳的成型工艺进行创作,如拉坯成型多用于圆形器,泥条成型多用于大件器物,泥片成型多用于镶器,捏塑成型多用于随性自然造型,模具成型多用于工业化批量生产,可单独用一种方法进行创作,也可采用多种方法进行结合创作。

1. 拉坯成型工艺

　　拉坯成型工艺在龙泉青瓷创作中发挥着重要的作用,它承载着青瓷艺术悠久的历史文化。宋代早期,龙泉青瓷创作开始采用拉坯工艺,借助辘轳车的转动来成型,对宋代青瓷的繁荣起到了巨大的作用。它是时代进步的产物,也显示了我国古代技术的发展,使青瓷造型的质和量都得到了飞速的发展。从古至今,拉坯工艺一直深受龙泉陶工们的喜爱,他们充分利用拉坯工艺,从形态上展示自己对青瓷的理解。

　　陈万里先生在《瓷器与浙江》中生动详细地描写了传统龙泉青瓷的拉坯设备辘轳以及传统拉坯制瓷方法:"我看见他们做碗,两只脚蹬住一个圆转机,将模型放在机上,握一把泥,两手先在模型的底部,按坚实了,然后右脚蹬此圆转机,使他急速的旋转,此时型内底部的泥,渐次随着旋转而薄薄匀铺在模型的全部,溢出在模型外的余泥,把他刮去,中间穿一个孔,为的是排泄气泡,最后用一块皮,将内部轻轻的按刮一下，就算成功了。"[1] 和传统辘轳相比较，现代拉坯工艺采用新型电能拉坯机，具有动力足、转速快、易操作、可控速等优点。

龙泉青瓷通过千百年的发展，逐渐形成了一套完整而又独特的拉坯手法。揉泥、拉坯、修坯是龙泉青瓷拉坯成型工艺的完整过程。拉坯的第一道工序是揉泥，通过将黏土反复揉压，排空里面的空气，加强泥的柔韧性和致密度，提高后期制作的成功系数；第二道工序是拉坯，将揉好的黏土放在拉坯机上，利用机器的旋转和手的力量将黏土拉成所需的形状，它其实是通过旋转产生的惯性，利用运动的向心和离心运动，使泥团在双手的操作下，发挥泥土的基本塑性和力性，逐步形成内空的造型；最后一道工序是修坯，在坯体半干时，利用旋转的机器，用修坯刀修去多余的泥土，让坯体内外工整，以此达到所需要的形状和厚度。三道工序缺一不可，共同促进拉坯工艺在龙泉青瓷中的广泛运用。

2. 泥条成型工艺

泥条成型工艺是人类最早掌握的陶瓷造型制作方法之一。在拉坯工艺没有出现之前，人们都是使用泥条盘筑的方法，它既可以制作小件器物，也可以制作大缸、罐子等大件器物。而在现代龙泉青瓷的创作中，泥条成型不是特别普及，更多的是被现代青瓷艺术家作为新的创作技法进行艺术创作，作品独一无二，造型生动自然。他们根据泥条能自由弯曲和变化的特征，创作动态自然、造型复杂的青瓷作品，此外他们更倾向于利用泥条盘筑时所留下的独特装饰纹理，使作品保留泥条盘旋的自然纹理和手工痕迹，当然，也有许多创作者会将泥条痕迹处理工整，不留纹理，有时甚至看不出作品是采用泥条盘筑完成的。此外，泥条盘筑也成为辅助拉坯制作大件器物的一种手段，通常会拉到一定高度后，进行泥条盘筑，然后继续拉高，使器物达到一定的体积。

与其他成型工艺相比较，泥条成型不同于借助拉坯机或模具成型。拉坯成型所体现出的是流动性和柔软性，而泥条成型是一种理性的成型方式，更多的是制

---

1 陈万里. 瓷器与浙江 // 陈万里陶瓷考古文集. 北京：紫禁城出版社，1997：64.

瓷者通过对形体、空间的协调把控来完成的，要求有一定的空间感和较强的动手能力，所以泥条成型的青瓷作品语言特征表现为严谨、敦厚和朴实。

通常泥条成型的方法有两种：一种是单环盘筑，操作过程中可以在一定基础上按顺序一环一环盘筑泥条，形成一层层有规律的泥条纹理；另一种是连续盘筑，盘筑时前后两根泥条首尾相接，逐层盘筑，形成如由一根泥条完成整体作品的完整效果。在使用泥条成型工艺时，可以尽量保留泥条盘筑时所留下的丰富肌理和生动自然的纹理，也可以在完成泥条盘筑后，修整作品使其表面工整，这些都要根据创作者的需求来考虑。

3. 泥片成型工艺

泥片成型工艺是指经过工具拍打或泥片机碾压使泥料成为厚度适中的泥片，然后使用泥浆将其拼接粘连成所需器型的过程。

泥片成型工艺局限性较大，拼接粘连的部分容易开裂变形，因此，要熟练掌握泥片成型工艺难度较大。该工艺也不适合大规模的生产，在现代龙泉制瓷行业中不多见，应用范围相对较小，只有少部分制瓷人会用泥片作为自己创作的一种独特语言，一般应用在镶器、瓷板等一些非圆形器的制作上，作品造型语言单纯、简洁，在众多圆形器中，泥片成型的作品更是别有一番风味。

泥片的制作方法大致有三种：一种是用木拍子拍打泥片；一种是用擀泥棒擀压泥片；最后一种是用机器压制泥片。相比较而言，通过手工拍打和擀制的泥板可以达到均匀的收缩，机器压制的泥板面虽平整，但收缩时具有明显的方向性，容易开裂。不同于泥条成型以线构成并可以制作造型复杂的异形物件，泥片成型是以面为元素，适合于形体平整和结构单纯的方体器物。泥片成型要求创作者严谨理性，一般情况下要提前画出严格尺寸的裁切图样，同时还要考虑和计算泥板厚度与搭接的结构和尺寸，然后在拍好的泥板上依照图样进行切割并黏合。泥板成型大致有两种方法：一种是泥片卷制成型，采用柔软的泥片进行直接卷制，如同采用一块布随意创作造型，可以用纸、泡沫等作为支撑，确保泥片不坍塌，人物、动物都可以采用此方法；另一种是泥板镶接成型，泥板要相对厚实，待半干后，将泥板接口处理成45度斜角，并用锯条刮刻后刷上泥浆进行黏合，增加接口的强度，防止烧成开裂。

4. 捏塑成型工艺

捏塑成型工艺是指利用黏土的可塑性，借助简单工具，徒手塑造器物的方法。它是最早被人类使用的成型技法，在还没有创作出青铜器、铁器时，人们就用泥土捏制器物来蒸煮食物。上古时期，人们开始捏制更多造型，如盆、鬲、釜、罐、瓶等日用器。到了原始社会中晚期，轮制工具出现后，泥条盘筑工艺开始取代手捏圆形器，模印工艺开始取代捏塑的异形物件和器物中的配件。

随着时代的发展，虽然捏塑成型目前不是龙泉青瓷最主要的成型技法，但它一直被沿用至今，特别是一些器物配件的制作，像北宋五管瓶上的动物、南宋龙虎瓶上的龙虎等造型都是采用捏塑成型方法。捏塑成型工艺最大的优点是简便易行，操作性强，成功率高，不需要任何复杂工具，只要有一块黏土就可以塑造成型。徒手捏塑其实别有一番风味，自然留下的手痕肌理是其他工具难以仿制的。许多现代龙泉青瓷艺术家喜欢采用捏塑的方法徒手对黏土进行创作，如儿童玩泥巴一样原始、简单，捏塑的作品样式丰富，如人物、动物、花鸟、挂饰等，作品中保留着人工痕迹和原始风貌，生动自然。如果不需要保留手工痕迹的纹理，则可以用工具对其进行处理，使外形工整。由于是徒手操作，所以捏制成型的作品往往厚薄不均，要达到好的艺术效果，必须勤于练习，熟能生巧。

手工成型工艺

5. 模具成型工艺

龙泉青瓷的生产制作方法多种多样，在高速发展的现代工业生产驱动下，模具成型工艺成为最常用的方法。这种方法被龙泉当地的工厂、作坊广泛使用，因为它具有生产成本低廉、生产周期短、操作简便、可反复使用等优点，而且应用范围广泛，从日常生活中的日用瓷器到公共艺术中的装饰雕塑的生产都可以通过模具来实现。

模具成型让制瓷者制作多件相同的青瓷作品找到了捷径，提高了生产效率，并以相对低廉的价格出售，满足市场需求，让青瓷成为大众有能力购买并使用的日用生活器。目前龙泉青瓷工业化产品的生产主要采用以下两种模具成型工艺：一种是注浆成型，另一种是印坯成型。

注浆成型工艺在龙泉当地已有成熟先进的技术，是指把泥浆注入模具中，利用石膏的吸水性，形成一定厚度的坯体而成型的方法。注浆成型相对省料，产品轻巧，它具有产品形态规范、统一的特点，和其他成型方法相比，它生产的青瓷更加轻盈。但是注浆成型工艺也受到模具工艺的限制，作品形态单一、造型简单。印坯成型工艺是当代龙泉青瓷大批量生产的另一种重要方法，它和注浆成型相比，坯胎更厚，成型后可以进一步在坯体上进行装饰和加工。目前龙泉青瓷的印坯成型工艺还会借助机器进行印坯，主要有压坯成型和滚压成型。压坯成型是利用旋转的石膏模具与上下运动的样板刀挤压来实现成型；滚压成型是利用现代滚压机滚头与滚筒相互旋转挤压泥料并使其沿石膏模具内壁自下而上运动而成型，其最大的优点在于能有效地控制泥坯的大小，提高效率，减轻劳动强度，节约劳动时间，

模具成型工艺

它在龙泉青瓷的批量生产中得到广泛的运用。

知识拓展

1. 龙泉青瓷装饰工艺

2. 龙泉青瓷施釉与烧成工艺

龙泉青瓷　　　龙泉青瓷施釉
装饰工艺　　　与烧成工艺

第二章

图说千年龙泉窑

第一节　早期龙泉青瓷

　　龙泉，地处浙江西南部丽水地区，具有悠久的制瓷历史。早期窑场处于就地销售的小规模生产阶段，产品在烧造工艺及器型、装饰、釉色方面，与越窑、瓯窑、婺州窑类似。器物种类多为碗、盏、盆、罐、盘口壶、执壶、灯盏等生活用瓷。

　　晚唐、五代时期是龙泉窑的初创期，在模仿越窑的同时，开始在胎釉上有所创新。其特征是釉色淡青，釉层透明，表面光亮。器物以执壶莲、花式碗以及盏托比较多见。胎质偏白，圈足外撇，底部多垫烧，刻花线条纤细，以云纹、水草纹居多。

早期初创：
三国至五代

1. 青瓷莲瓣碗

青瓷莲瓣碗
360度赏析

南朝（420—589年）

口径15.6厘米，底径8厘米，高9厘米。

侈口，尖唇，弧腹，假圈足，底内凹，外壁饰莲瓣纹，足底有七个泥点支烧痕。釉色青绿，灰白胎。功能用途为饪食器。现藏于龙泉青瓷博物馆。

2. 青釉钵

唐代（618—907 年）

口径 15.6 厘米，底径 7.2 厘米，高 5.4 厘米。

敛口，方唇，弧折腹，下腹斜收，平底内凹，内外底各有七个泥点支烧痕。施青釉，釉不及底，灰白胎。现藏于龙泉青瓷博物馆。

3. 青釉五角盖瓶

唐代（618—907 年）

口径 8.6 厘米，底径 9.6 厘米，通高 38.8 厘米。

钵状盖，"吉"字形纽，敛口，圆唇，短低颈，圆肩，弧腹，平底内凹，盖身附褶皱状泥条两周，肩腹部附褶皱状泥条三周，肩上部泥条上堆有五个角状管，颈下和盖沿有 11 个支烧痕，底部有三个泥点支烧痕。施青中泛黄釉，灰白胎。现藏于龙泉青瓷博物馆。

4. 青瓷五管瓶

青瓷五管瓶
360 度赏析

五代（907—960 年）

口径 5.8 厘米，腹径 14.8 厘米，底径 8 厘米，高 30.7 厘米。

器盖可分三层：上层为花蕾形纽座；中层为半浮雕状覆莲，莲角上翘；下层收为圆筒状，是为盖口。瓶直口，腹分六级，由下而上逐级向内收敛至口，口下第二、三级之间安荷茎状五管，管为花口，内圆，外壁削成棱，上腹部展开莲苞纹，下腹部刻饰双层仰莲瓣。器物内外通体施淡青釉，坯体较薄而均匀，胎质灰白，圈足微向外撇，足外沿有一周弦纹，足内壁旋削。为金村所烧制。1988 年 8 月，龙泉县宏山乡（今龙泉市龙渊街道）山里村出土。功能用途为明器。现藏于龙泉青瓷博物馆。

5. 青瓷执壶

青瓷执壶
360 度赏析

五代（907—960 年）

口径 12.4 厘米，底径 7.9 厘米，高 26.2 厘米。

喇叭口，卷唇，束颈，溜肩，弧腹，圈足，颈部一侧附有带状柄，另一侧附有一流。肩部有旋纹两道，腹部有刻划的瓜楞纹将腹分为六瓣，并刻划莲花。施青绿釉，足部无釉，但有明显的泥质垫圈痕。功能用途为汲水器。现藏于龙泉青瓷博物馆。

5. 淡青釉盖瓶

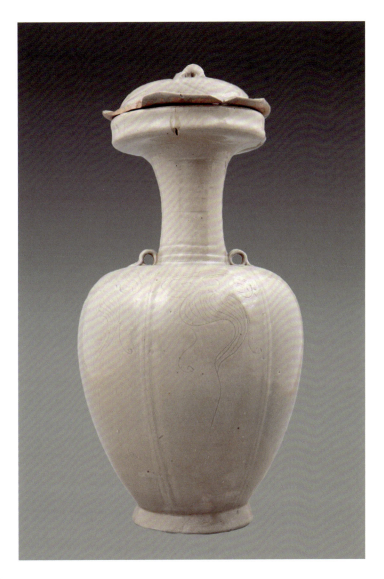

五代（907—960 年）

通长 18.3 厘米，通宽 18.2 厘米，通高 37 厘米。

盖为弧，顶上安一蜗形提纽，宽皱沿上翘，盖顶有刻划纹。盘口，圆唇，细高颈，广肩，斜弧腹，矮圈足外撇，肩附泥条状系，腹有六组各两道竖筋将腹部分成六瓣，各瓣均饰一组云纹。通体施青釉，灰白胎。现藏于龙泉青瓷博物馆。

第二节　宋代龙泉窑

北宋是龙泉窑青瓷自我风格形成的时期。龙泉窑凭借其优越的自然条件、便利的水路运输和南北技术的融合，制瓷技艺不断提高，并开始脱离越窑与瓯窑的风格。制瓷工匠较好地把握了产品火候和还原气氛，釉色多呈青绿，釉质更纯净，薄而透明，有玻璃质感；同时在北宋晚期开始出现一部分具有乳浊效果的青瓷产品。器型方面，出现了这时期典型的多管瓶，形制多样。也有部分盘、炉、粉盒等器物出现。刻划仍是主要装饰技法，装饰风格趋向简约，普遍使用"半刀泥"刻法，刀法精准流畅。纹饰简练，疏朗有致。碗类出现"葵口出筋"装饰风格，并戳印有图章式文字，如"河滨遗范""金玉满堂"等。继续使用泥饼垫烧法，器物圈足、外底露胎。坯件都用匣钵装烧，大大提高了产品质量。

至南宋中晚期，龙泉窑青瓷制作技艺登峰造极，达到青瓷发展的巅峰。两宋之际开始烧造的乳浊青釉由厚胎薄釉转向薄胎厚釉，有了质的飞跃。厚釉制品主要包括白胎和黑胎两类，其中白胎青瓷是主流产品。白胎制品釉色青翠纯净，质地晶莹润泽，如翠似玉，创制出的粉青和梅子青釉色，达到极致，把青瓷烧制技艺推向巅峰。这种"类玉"效果的龙泉青瓷产品，符合中国人比德于玉的价值取向、审美情趣和道德观，为宫廷和文人雅士所钟爱。

在烧造过程中，由于烧成温度和气氛的不同，少数器物出了青黄、蟹黄、米黄等青黄色泽，曾有"黄龙泉"之称。

南宋龙泉青瓷大多光素无纹，追求釉色与造型和谐统一。清雅秀丽、青翠莹润的粉青釉、梅子青釉令人赞叹，把釉色和釉质美感发挥到了极致。同时龙泉青瓷造型艺术也达到了前所未有的高峰。造型注重坯体轮廓线的柔和、流畅，边角修饰的利落、简洁，使器物线条曲直有致、刚柔相济、古朴典雅。一些器物肩、腹部出现被称为"白痕出筋"的凸棱，这种装饰手法使釉色出现了浓淡不同的自然过渡，使器物显得更加立体。此外，与厚釉相适应的还有深刻、模制、堆塑等装饰手法。深刻手法多用于碗外壁装饰，模制多用于制作各类瓶耳，堆塑主要用于龙虎瓶，把龙虎形象塑造得惟妙惟肖。龙虎瓶也成了这一时期的典型器物之一。

黑胎青瓷胎骨坚薄，胎色黑灰，瓷胎中铁的含量高达3.5%～5%。它以薄胎、厚釉、紫口铁足、釉面开片为特征。由于器物口沿釉层较薄，在胎色衬托下，略显紫色，而圈足底端无釉处，在烧成后期冷却阶段经过二次氧化，呈现黑褐色，即"紫口铁足"。

繁荣发展：北宋

走向巅峰：南宋

1. 青瓷五管瓶

青瓷五管瓶
360 度赏析

北宋（960—1127 年）

口径 7.3 厘米，腹径 13.6 厘米，足径 8 厘米，高 23.5 厘米，通高 30.5 厘米。

覆盘式盖，盖面饰莲瓣纹，并在莲瓣中填以篦纹，圆形纽座，花蕾形盖顶。器盖内有墨书铭文"张氏五娘，五谷仓柜，上应天宫，下应地中，荫子益孙，长命富贵"，24字，竖排楷书。瓶直口，折肩，圆腹，圈足。腹分六级，由下而上逐级硬折内收至口部，肩部安喇叭状五管。腹部饰莲瓣、斜方格和卷草纹，装饰手法为刻花。釉色青中泛黄，灰白胎，圈足较矮，近似饼足，足底无釉。1991 年 3 月，龙泉市兰巨乡石玄湖村出土。功能用途为明器。现藏于龙泉青瓷博物馆。

2. 青瓷牡丹纹盖粉盒

北宋（960—1127 年）

口径 10.4 厘米，底径 5 厘米，高 3.8 厘米。

圆形，盖面饰牡丹纹，纹饰中加篦点，子母口，器内有三只圆盒，呈三角形排列，壁较直，硬折至底，近似平足，子母口处和底部无釉，装饰手法为繁密的刻划花。釉色青绿，灰白胎，采用垫饼支托装烧。1983 年，龙泉小梅至瑞垟公路改线时，金村大窑畈窑址出土。功能用途为盛储器。现藏于龙泉青瓷博物馆。

3. 青瓷盂口瓶

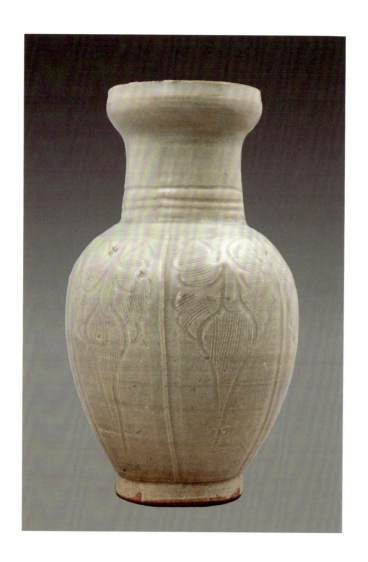

北宋（960—1127年）

口径 8.6 厘米，腹径 13.5 厘米，底径 7.3 厘米，高 22.4 厘米。

失盖，盂口，筒式颈，椭圆腹，圈足外撇。肩外缘刻饰弦纹两圈，颈下部刻饰弦纹三圈，腹部用直条凸棱将其分成六份，每份中刻一变体花叶纹，内填篦纹。胎质灰白，施青釉，釉层较薄，足内旋削，足底无釉。1977年冬，龙泉县林垟乡（今龙泉市塔石街道）秋畈村出土，共同出土的还有五管瓶、盂口瓶及婺州窑魂瓶一对。功能用途为汲水器。现藏于龙泉青瓷博物馆。

4. 青瓷胆式瓶

北宋（960—1127 年）

口径 4.6 厘米，底径 8 厘米，高 17 厘米。

口微侈，方唇，细高颈，溜肩，垂腹，圈足。颈肩部饰三道旋纹及刻画有花草纹，腹饰一道旋纹。釉色青绿，灰白胎。功能用途为陈设器。现藏于龙泉青瓷博物馆。

5. 青釉刻花蕉叶纹五管瓶

北宋（960—1127 年）

口径 8.2 厘米，足径 9.5 厘米，通高 42 厘米。

盖分三层：上层捏塑，为呈出水荷叶状的纽座，荷叶中央为花蕾形盖纽；中层为半浮雕状覆莲瓣纹，莲角外翘，瓣面填以叶脉纹，蒂部呈池塘形，塘内堆塑四只水鸭作悠悠戏水状，其中两只嘴衔小鱼作食式，另两只则作觅食之态，鸭翅有张有合，如扑如栖，体态逼俏，生意盎然，富有浓厚的江南水乡风味；下层收作圆筒形，是为盖口。瓶直口，折肩，圆腹，圈足，肩腹之交堆贴褶皱状泥条印捺纹，形似水波。肩部安六面体荷茎状五管，等距排列，微向内弯，管端呈四齿状，与器口平行，管间饰变形如意云纹。腹上部饰半浮雕状五层覆蕉叶纹，瓣瓣起筋，瓣内填以叶脉纹，下腹部饰六条直棱双线，线间各饰一朵变形如意云纹。釉色淡青，白胎，足微外撇，足外有一周弦纹，足内施釉，足端用泥点间隔支垫托烧，外无釉。1976 年，龙泉县茶丰乡（今龙泉市查田镇）墩头村出土。现藏于龙泉青瓷博物馆。

6.青釉刻花瓣纹盖罐

北宋（960—1127 年）

口径 8.8 厘米，底径 5.6 厘米，通高 6.4 厘米。

盖面平，上刻饰牡丹向阳花卉，内沿无釉，子口。罐短颈直口，弧肩，扁圆，腹下内收，平底，微向内凹，刻重瓣仰莲，瓣内填以篦纹。釉色青绿，浮光较强，胎质灰白，口沿、外底无釉，呈白色。1985 年，龙泉县龙渊镇大洋畈（今龙泉市龙渊街道大洋社区）牛门山出土。现藏于龙泉青瓷博物馆。

7. 青釉刻花莲瓣纹贴塑五叶犬纽盖瓶

北宋（960—1127年）

口径 8.6 厘米，底径 8.8 厘米，通高 30.2 厘米。

盖纽堆塑一只静坐昂首翘尾的犬，盖为覆盘式，面饰细条状纹。瓶直口，短颈，腹分五级，上部一、二级刻饰斜方格纹，三级安印模而成的五叶，朝外叶面印花，四级饰覆莲，瓣内填以箆纹，下腹部刻饰五层莲瓣纹，瓣内均填以箆纹。口沿无釉，胎呈灰白色；矮圈足，足底无釉，呈浅朱红色；用垫饼支烧；釉色青黄，灰白胎。现藏于龙泉青瓷博物馆。

8. 青釉刻花斗笠碗

北宋（960—1127 年）

口径 10.8 厘米，足径 3.4 厘米，高 3.6 厘米。

侈口，圆唇，沿下微束，斜弧腹，呈斗笠状。内底呈窝状，矮圈足，内壁饰刻划纹和篦纹。施青绿釉，灰白胎。现藏于龙泉青瓷博物馆。

9. 青釉贯耳小瓶

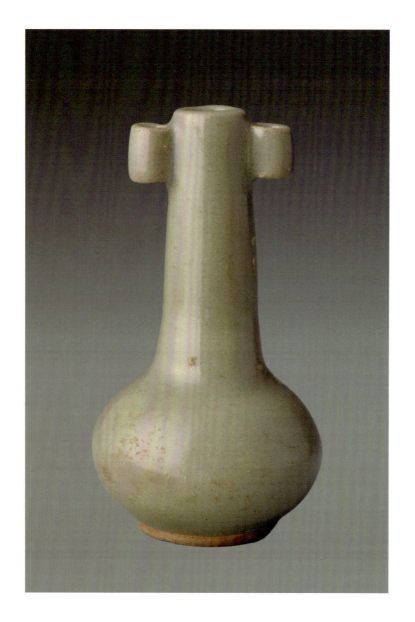

南宋（1127—1279 年）

口径 1.3 厘米，底径 2.5 厘米，高 8 厘米。

直口，圆唇，细长颈，溜肩，球形腹，隐圈足，口部两侧附有粗短型管状贯耳。施青绿釉，足部无釉，足部有明显的瓷质垫具痕，灰胎。现藏于龙泉青瓷博物馆。

10. 青瓷龙瓶

青瓷龙瓶
360 度赏析

南宋（1127—1279 年）

盖径 10.6 厘米，口径 8.2 厘米，腹径 13.6 厘米，足径 9.7 厘米，高 26.9 厘米。

盖纽堆塑一只展翅高飞的凤鸟，盖面堆塑四朵对称变形的云纹，盖沿为花口。瓶体为直口，短颈，圆肩。颈与肩部一周堆贴龙云纹，龙昂首，三爪犹如穿云破雾，形态逼真、栩栩如生，器身光素。上部制作三节似葫芦状瓶体，腹部有两周弦纹，圈足。釉色青绿，腹下部发色欠佳，有风裂纹，灰白胎，足内未施釉，露胎处呈朱砂色。

此类器是南宋龙泉窑中一种典型的器皿，在龙泉地区是一种专用的明器（随葬品），基本上都是一只堆龙，一只堆虎成双出土，有"龙凤呈祥"之意。在龙泉，人们只要一提起青瓷，就会说龙虎瓶，但此类器出土完整的实属罕见。1986 年 12 月，龙泉工商行政管理局将其移交龙泉博物馆收藏。

11. 青釉虎瓶

青釉虎瓶
360 度赏析

南宋（1127—1279 年）

口径 5.8 厘米，足径 8.2 厘米，通高 30.8 厘米。

鸟纽，作展翅状，盖向下斜出，上堆塑四组浪涛纹，将盖分成四等分，盖沿平折，盖内子口，无釉。瓶作小盂口，细长颈，椭圆腹，圈足，肩部堆贴褶皱状波浪纹一圈，颈肩部位堆塑一只虎，肩部堆塑人、小虎、云等。釉青色，口及底部无釉，灰白胎。功能用途为明器。现藏于龙泉青瓷博物馆。

12. 青釉龙瓶

南宋（1127—1279 年）

口径 5.8 厘米，腹径 13.8 厘米，底径 8.2 厘米，高 30.8 厘米。

鸟纽，作展翅状，盖向下斜出，盖沿平折，盖内有子口，无釉。瓶直口，肩部分为三阶，堆塑有张牙舞爪的盘龙，弧腹，矮圈足。施粉青釉，口、足底刮釉，泥质垫圈垫烧。功能用途为明器。现藏于龙泉青瓷博物馆。

13. 青釉三足炉

青釉三足炉
360 度赏析

南宋（1127—1279 年）

口径 15 厘米，高 21 厘米。

圆唇，短直颈，三锥形足。口沿上附一对方形立耳。深直腹，下腹圆弧，平底。造型端庄规整，通体施粉青釉，釉层肥厚，釉面光洁莹润，足端未施釉。现藏于龙泉青瓷博物馆。

14. 青瓷葵口碗

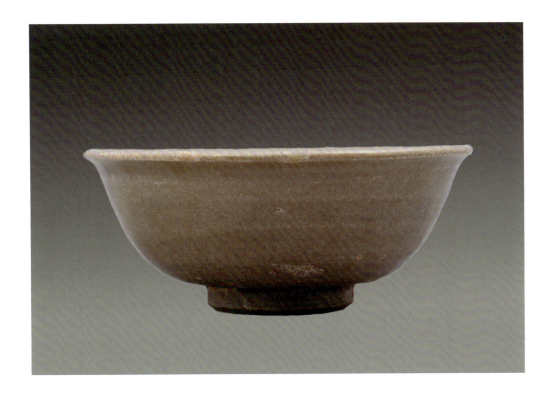

南宋（1127—1279 年）

口径 12.6 厘米，底径 4.8 厘米，高 5 厘米。

圆唇，葵口外翻，斜弧腹，矮圈足。施浅青绿色釉，底下无釉，灰白胎。功能用途为饪食器。现藏于龙泉青瓷博物馆。

15. 青瓷长颈瓶

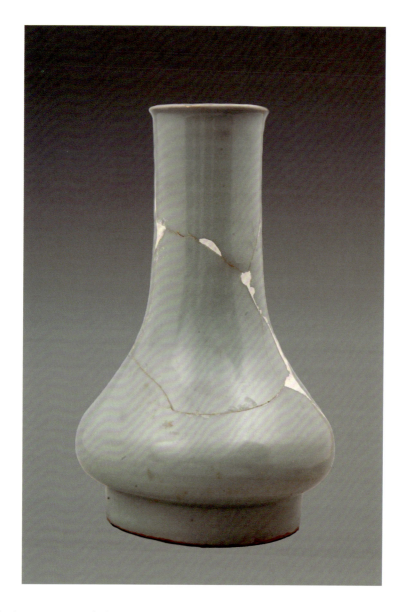

南宋（1127—1279 年）

口径 6.4 厘米，底径 10.2 厘米，高 21.4 厘米。

侈口，圆唇，长颈，垂腹，圈足，底微凸。釉色天青，足底刮釉。龙泉市查田镇某校址出土，吴观佑捐。功能用途为盛储器。现藏于龙泉青瓷博物馆。

16. 青瓷梅瓶

南宋（1127—1279 年）

口径 3.8 厘米，底径 6.8 厘米，高 22 厘米。

口微侈，圆唇，束颈，广肩，弧腹，隐圈足。施青绿釉，底未施釉。瓶身上饰有均匀的弦纹。功能用途为汲水器。现藏于龙泉青瓷博物馆。

17. 青瓷双耳环弦纹瓶

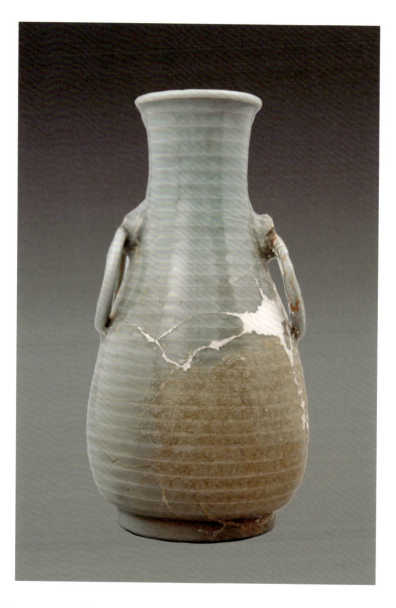

南宋（1127—1279 年）

口径 6.6 厘米，底径 8 厘米，高 21.4 厘米。

侈口，中高颈，圆唇，垂腹，圈足，肩附两个兽首衔环耳。通体饰弦纹，施天青釉。功能用途为盛储器。现藏于龙泉青瓷博物馆。

18. 青瓷盘口瓶

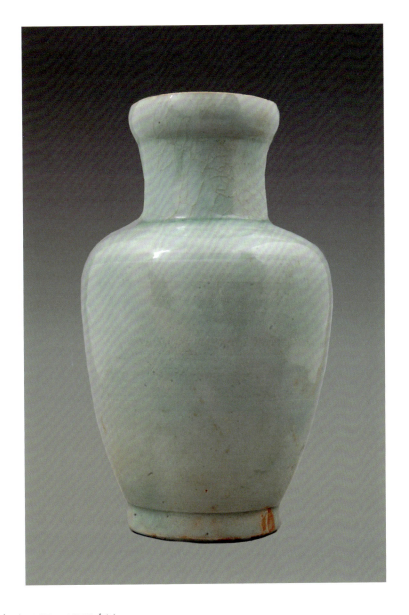

南宋（1127—1279 年）

口径 7.6 厘米，底径 7.6 厘米，高 20.6 厘米。

盂口，方唇，束直颈，圆肩弧腹，矮圈足，微外撇。施粉青釉，底部未施釉，釉面有裂痕。瓶身有对称的圆形环作为装饰。功能用途为汲水器。现藏于龙泉青瓷博物馆。

19. 青釉凤耳瓶

南宋（1127—1279 年）

口径 6.2 厘米，足径 6.8 厘米，高 18.4 厘米。

折沿口，筒腹，下腹微收，隐圈足，颈中部附一对凤状耳。施青釉，足底刮釉，灰胎。现藏于龙泉青瓷博物馆。

20. 青釉大吉瓶

南宋（1127—1279 年）

口径 2.3 厘米，底径 5 厘米，高 16.4 厘米。

"吉"字形，细长直颈，敛口，圆肩弧腹，下腹内收，隐圈足，底微凸，颈束一周凸轮。釉色青灰，足底刮釉。功能用途为陈设器、祭祀用具。现藏于龙泉青瓷博物馆。

21. 青釉荷叶形盖罐

南宋（1127-1279 年）

口径 23.8 厘米，足径 16.8 厘米，高 31.3 厘米，最大的腹围接近 1 米。

龙泉窑梅子青色，罐身圆润，盖子独特，盖沿弯曲呈荷叶状。1991 年在四川遂宁城南金鱼村发掘的青釉荷叶形盖罐是遂宁宋瓷博物馆的镇馆之宝。它是南宋龙泉青瓷中最大的一件瓷器，也是宋瓷当中唯一一件荷叶形盖罐，堪称绝品。国家一级文物，被称为中国瓷器三大国宝之一。

第三节　元、明时期龙泉窑

元代，政府重视手工业和商业，对外采取了开放政策，极力发展经济贸易。龙泉窑规模日益庞大，成为当时最大的窑业中心。龙泉境内的窑址达 310 处，仅龙泉东区一地就发现窑址 218 处，出现了"瓯江两岸，瓷窑林立，烟火相望，江上运瓷船舶往来如织"的空前盛况。

瓷器是元代对外贸易的最主要、最大宗的商品。龙泉青瓷一跃成为世界性商品，流布范围之广，居中国名窑之首。龙泉窑青瓷在造型和装饰风格上，由南宋时期的纤巧隽永、纯净如玉、清雅婉约演变为元代的高大厚重、雄浑敦朴、气势磅礴的风格，形成鲜明的差异。这一时期龙泉青瓷的样貌特征可概括为厚胎厚釉。胎体厚重、坚硬致密，胎色较白或略带灰色。釉质肥厚清亮，呈青绿色。采用垫圈垫烧，在器物的圈足、外底部分不施釉，留有垫圈的痕迹，烧成后成赭红色，俗称"火石红"。

与厚重坚实的胎体、肥厚清亮的釉质、丰富多样的器型相适应，是刻划、模印、堆塑、贴花、点彩、露胎等多种装饰技法的综合运用，根据不同的器物，采取不同的装饰技法组合。点彩和露胎是瓷器装饰的传统技法，从元代开始用于龙泉青瓷。在多元文化的背景下，元代龙泉窑博采众长，成为中国古代青瓷技艺集大成者。

明早期龙泉窑在烧造工艺和制品面貌上都沿袭了元代的方式和特点，成为中国青瓷发展历史上最后的亮点。

明早期龙泉窑规模不减，青瓷制品十分精美。造型大体上和元代一致，硕大厚重。产品多大型瓶、盘，日用的小件器物较少。胎体厚重、坚实，胎色灰白。釉质淳厚润泽，釉色青绿，光泽度较强。装饰技法以刻划、印花为主，技法娴熟。纹样清晰，流畅自如，布局满密，与元代主题突出、层次分明不同，更显繁缛华丽。在烧造方面，足部施釉，有湿圈，处理手法与元末接近。

从成化时期开始，龙泉窑不再为宫廷生产御用瓷器。明中期以后的龙泉窑青瓷的特点是胎体厚重，胎色白中发灰，釉层透明度较高，成型较草率，质量略显粗糙。装饰手法主要是刻划花和印花，图案有山水人物、历史故事、二十四孝等画面。这一时期中国瓷业格局发生了很大变化，景德镇一家独大，成为生产规模最大、产品质量最高的窑场，为宫廷生产御用瓷器的官窑也设立于此。其生产的青花瓷成为国内外市场的主流产品，其他新颖瓷器产品也广受欢迎。出于多方面的原因，明中晚期龙泉青瓷逐渐退居次要地位，淡出历史舞台，龙泉窑生产规模开始逐渐缩小。明中期以后龙泉窑制品的样貌、产品质量与鼎盛期无法相比，釉层变薄、透明，少见纯正的青色，多偏黄或偏灰。装饰以刻划与印花为主，浅显而草率；纹样以花卉为主，单调而零乱。

迅猛扩张：
元、明

1. 青釉印福禄寿纹盘

元代（1271—1368 年）

口径 17.4 厘米，底径 10 厘米，高 4.5 厘米。

敞口，唇外卷，弧腹，圈足。底微上凸，内底印篆体"福"字，鹿和灵芝纹，鹿回首望月，意情深刻，福鹿即福禄，灵芝即长寿，是古代人美好愿望的寄托。釉色青中泛黄，外底心无釉，呈朱红色。1985 年 1 月 30 日，龙泉县（今龙泉市）查田镇溪口村出土。功能用途为饪食器。现藏于龙泉青瓷博物馆。

2. 青釉露胎堆贴云鹤纹菊瓣口盘

元代（1271—1368 年）

口径 16.5 厘米，足底 4.3 厘米，高 3 厘米。

花口折沿，斜壁，圈足，鸡心底，器型呈菊瓣状，内底贴饰对称逆向双云双鹤，双鹤展翅穿云，花束式祥云，印贴云鹤呈朱红色。釉色青中微泛黄，圈足两边旋削，足端无釉，用垫饼支托装烧，灰白胎。1980 年，龙泉县供村乡（今龙泉市道太乡）龚村明正德十三年（1518 年）墓出土。现藏于龙泉青瓷博物馆。

3. 青釉玉壶春瓶

元代（1271—1368 年）

口径 7.6 厘米，底径 8.8 厘米，高 24.4 厘米。

喇叭口，沿微卷，圆唇，细高颈，溜肩，圆弧腹，圈足，底微凸。釉色黄绿，足底刮釉。
龙泉市宝溪乡溪头村出土。功能用途为陈设器。现藏于龙泉青瓷博物馆。

4. 青釉双耳环小瓶

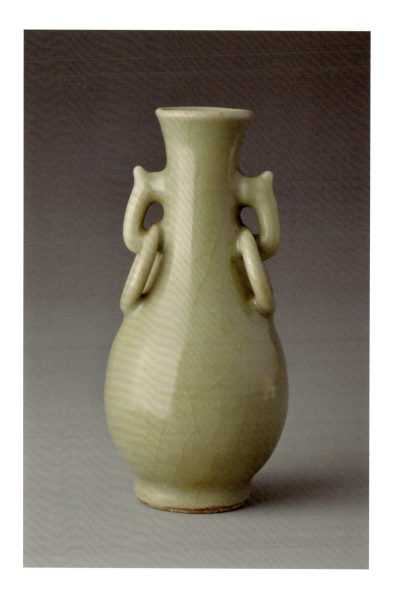

元代（1271—1368 年）

口径 3.6 厘米，底径 4.2 厘米，高 14 厘米。

圆唇，口微直，细颈，溜肩，鼓腹下斜收，矮圈足，颈部附两半环状耳，耳内各有一衔环，足底有一明显旋凸。施青绿色满釉，灰白胎。功能用途为陈设器。现藏于龙泉青瓷博物馆。

5. 青釉鼓钉炉

▣青釉鼓钉炉
360 度赏析

元代（1271—1368 年）

口径 14.5 厘米，腹径 15.6 厘米，底径 6 厘米，高 7 厘米。

敛口，唇微内斜，弧腹，斜肩，呈扁鼓形。底心有一圆孔，在内底用瓷质垫饼覆盖，外口沿及腹底相交之处各有一圈梅花形鼓钉，鼓钉作六瓣花形，每排 23 个，腹部贴饰对称的铺首衔环两个，底近腹部装兽头足三个，外底心近似卧足的圈足，足底无釉。釉层丰厚滋润，釉色粉青，胎质灰白，露胎处呈朱红色。功能用途为祭祀用具。现藏于龙泉青瓷博物馆。

6. 青釉熏炉

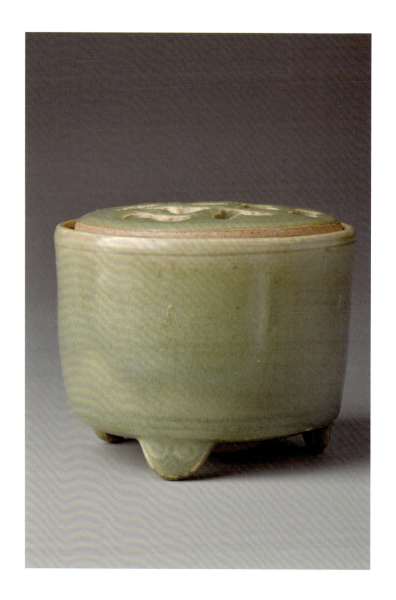

元代（1271—1368 年）

口径 9.7 厘米，高 8 厘米。

盖圆形，盖面微弧，呈镂空状，施青绿釉；器身呈筒状腹，子口，假圈足，腹下一周附有三个足，足面刻划花草纹。施青绿釉，足下无釉，有泥质垫圈痕，灰胎。现藏于龙泉青瓷博物馆。

7. 青釉观音塑像

青釉观音塑像
360 度赏析

元代（1271—1368 年）

头径 5.8 厘米，底径 10 厘米，高 28.8 厘米。

观音头戴华冠，冠后为镂空火焰山状形，前为莲瓣形佛龛，龛内正中为如意座佛。观音面部丰满圆浑，两耳垂肩，披肩，一条垂带和梅花形绶带向两侧缚扎，胸部饰朵梅，右腿屈起，立于座上，右手置放于膝上，座旁堆塑一只鹦鹉；左手旁挂净水瓶，手平放在垂带上，左脚置于座沿上，旁堆塑侍童。面、颈、胸、手、脚部露胎，造型古朴端庄，釉色青绿肥厚，灰白胎。1990 年冬，龙泉市兰巨乡蜜蜂岭村古田自然村出土。功能用途为祭祀用具。现藏于龙泉青瓷博物馆。

8. 青釉持灯人像

元代（1271—1368 年）

足径 8.7 厘米，高 21.7 厘米。

俑身蒙古人装束，头戴帽，腰束带，作立状，左手弯曲，右手搭在左肩膀，左肩背荷叶形油灯，神态自然，脸与足端露胎，呈朱红色，腹中空。施青绿釉，釉厚，胎质灰白。现藏于龙泉青瓷博物馆。

9. 双绳耳鼎式炉

明代（1368—1644 年）

口径 7.8 厘米，高 9.6 厘米。

折沿，束颈，弧腹，柱状足，沿两侧各附麻花状条形耳，颈部有刻划线纹，足部亦有花草纹。施青绿釉。功能用途为祭祀用具。现藏于龙泉青瓷博物馆。

10. 双绳耳刻花大炉

明代（1368—1644 年）

口径 34.4 厘米，底径 14.8 厘米，高 19.4 厘米。

斜折沿，厚方唇，束颈，弧腹，下腹斜收，假圈足内凹，沿外附两个泥条拧成的麻花状耳，下腹三个三棱状空心足，颈饰刻画纹，并带有一组乳钉纹，腹部刻有牡丹缠枝纹，下饰一组乳钉纹。施青绿釉，内外底均未施釉。功能用途为祭祀用具。现藏于龙泉青瓷博物馆。

11. 青釉荷叶盖罐

明代（1368—1644 年）

口径 10.2 厘米，腹径 13.6 厘米，底径 5.5 厘米，高 11.5 厘米。

盖面隆起，饰宽叶脉纹，似一朵丰满的莲苞，边缘起伏，如荷叶，内沿无釉，有子口。罐直口，短颈，丰肩，腹下渐收，圈足。器身满饰凸莲瓣纹，施釉不及底，挖足较深，足底无釉。胎色灰白致密，釉色青中微泛黄。1980 年 7 月，龙泉县供村乡（今龙泉市道太乡）龚村明代正德十三年（1518 年）墓出土。功能用途为盛储器。现藏于龙泉青瓷博物馆。

12. 青釉刻花高足杯

明代（1368—1644 年）

口径 11.5 厘米，底径 3.6 厘米，高 8.8 厘米。

撇口，弧壁，扭足，器内壁刻饰荷花、八吉祥和云纹，外壁光素无纹；釉色青绿，灰白胎，足端呈朱砂色。1980 年 7 月，龙泉县供村乡（今龙泉市道太乡）龚村明代正德十三年（1518 年）墓出土。功能用途为饮器。现藏于龙泉青瓷博物馆。

13. 青釉镂空麒麟纹鼓凳

明代（1368—1644 年）

口径 21.6 厘米，高 45 厘米。

鼓状，顶覆钵状，弧腹，底部空，顶面饰树木和两只相向而鸣的鹤，外缘下饰有梅花状鼓钉一圈，下饰卷莲及四枚古钱币纹，中部镂空，下装饰有梅花状鼓钉一周并内收阶状棱台，台下饰卷云纹一周，卷云下又饰梅花状鼓钉一周，该周鼓钉下及器腹中部镂空，有兰草、麒麟、古钱币、祥云两组相对应，下腹刻有牡丹缠枝纹一周。通体施青绿釉，底、沿加厚并刮釉，为垫具垫烧，灰白胎。现藏于龙泉青瓷博物馆。

14. 青釉执壶

明代（1368—1644 年）

口径 8.4 厘米，腹径 12.4 厘米，底径 7.2 厘米，高 17.1 厘米。

盘口，短颈，溜肩，长流，曲鋬执，圆腹，圈足。肩腹一侧安一长流，对应一侧安一执。肩部饰两朵对称的云纹，腹部饰两朵对称的荷花、荷叶纹，下腹部有弦纹两道，装饰手法为刻花。圈足微向外撇，足外沿旋削，露胎处呈朱红色。胎质灰白，釉层较薄，玻璃质感较强，釉色青中泛黄。1984 年 4 月，龙泉县福源乡（今龙泉市安仁镇）安福村窑址出土。功能用途为汲水器。现藏于龙泉青瓷博物馆。

15. 青釉小盖罐

明代（1368—1644 年）

口径 5 厘米，底径 4.6 厘米，高 7.4 厘米。

伞状盖，顶部略平，罐口呈圆唇，口微敛，溜肩，鼓腹，下腹斜收，隐圈足。内外青绿釉，足底无釉，灰白胎。功能用途为盛储器。现藏于龙泉青瓷博物馆。

16. 青釉印花人物故事碗

明代（1368—1644 年）

口径 14.4 厘米，足径 5.5 厘米，高 7.8 厘米。

敞口，圆唇，弧腹，下腹部斜收，矮圈足，外壁口部模印一周"回"纹，内壁模印一周"回"纹及一周人物。釉色青，灰白胎。现藏于龙泉青瓷博物馆。

第四节　清代龙泉窑

　　清代龙泉窑烧造规模进一步缩小，仅零星几处烧造，至今尚存清代窑址 11 处，以孙坑窑址为代表。清代龙泉窑业虽然处于衰落状态，但瓷业生产仍在继续，并为民国时期的复苏保留了火种。

　　清代龙泉青瓷制品分为三类：一类是善男信女为寺庙订烧贡器，如炉、瓶、烛台等，这些器物大多制作精良，并刻上供奉者的姓名；一类是为提高生活品位、美化生活而制作的器物，如瓶、罐、壶、筒、灯等；还有一类是普通百姓生活日用产品，如碗、盘等。这一时期的龙泉窑制品特征是：坯胎厚重，胎质疏松，胎色灰白或呈朱砂色；釉色偏黄泛灰，釉层淡薄、透明，施釉不均，有的釉面开纹片；装饰多采用刻划、镂空等技法。纹样以花卉题材为主，有梅、兰、竹、菊、牡丹、荷叶、莲花等，也有龙、鱼、八卦、鼓钉、宝珠、几何纹等。

步入式微：清代

1. 青釉刻凤尾尊

青釉刻凤尾尊
360 度赏析

清代（1636—1912 年）

口径 13 厘米，足径 9 厘米，高 27 厘米。

喇叭口，圆唇，沿微下卷，束颈，椭圆腹，下腹外摆，圈足旋刻，颈肩处有接痕，颈上饰三道弦纹和刻划草纹，另一侧铭有"孙坑村弟子还恩范贞耀叩首百拜"文字，腹饰花草纹。釉色黄绿，足底刮釉，灰白胎。现藏于龙泉青瓷博物馆。

2. 青釉刻花莲纹灯盏

清代（1636—1912 年）

口径 8.6 厘米，足径 7.2 厘米，高 14.4 厘米。

盏：侈口，圆唇，弧腹，假圈足，腹部刻划莲瓣纹。托盘：平折沿，圆唇，曲弧腹，高圈足，内空，盘内有一圆柱状盏座。通体青釉，釉色青中泛黄，足部无釉，有泥质垫圈痕迹，灰白胎。现藏于龙泉青瓷博物馆。

3. 青瓷刻花纹瓶

清代（1636—1912 年）

口径 8.8 厘米，底径 7.2 厘米，高 29 厘米。

喇叭口，方唇，弧肩，斜直腹，假圈足，沿下微有凸棱，肩上有三道旋纹，腹部刻划有"云龙戏珠"图，腹下有三道旋纹。施青绿釉，足底无釉，灰白胎。功能用途为陈设器。现藏于龙泉青瓷博物馆。

第五节　民国时期龙泉青瓷

　　民国时期，龙泉当地研制仿古青瓷之风大盛。民国十四年（1925年）瓷业改良工场制订的《瓷业改良工场改进计划书》提出："宋代哥窑遗器，中外视为至宝，确有不堪磨灭之优点，宜研究仿造，以发扬国产。"除官方工场外，一大批民间制瓷艺人从事坊古青瓷制作。

　　民国时期烧造的仿古青瓷以南宋青瓷为典范，釉色沉稳，纯净莹润，好的作品几乎可与南宋青瓷相媲美，并且进入官方视野，走出国门争得荣誉。民国二十四年（1935年），龙泉窑溪乡副乡长陈佐汉严格仿制"牡丹瓶""凤耳瓶""青瓷龟"等70余件青瓷作品，邮寄至国民政府实业部请功，获蒋介石题赠"艺精陶旅"匾。龙泉窑的工匠们以南宋器型和釉色为目标，为传统青瓷的技艺传承做出不懈的努力，所制龙泉青瓷能做到"追步哥窑，媲美章生"，与真品"颇可混珠"，应视为民国时期龙泉青瓷传承之要举。

复苏返青：民国

1. 青釉贴塑斗蟋八角盘

民国（1912—1949 年）

口径 13.1 厘米，足径 7.5 厘米，高 2.6 厘米。

折沿，方唇，口沿呈八角形，浅腹，圈足，盘内饰有两只对峙的蟋蟀。施青釉，灰白胎。现藏于龙泉青瓷博物馆。

2. 青釉赑屃

青釉赑屃
360 度赏析

民国（1912—1949 年）

长 36 厘米，宽 20.8 厘米，高 16.8 厘米。

仰首前伸，张口露齿，并在头部饰以须发，颈部饰鳞纹，屈肢收尾，颈下有三道褶皱，背腹均刻饰龟甲状。施青釉，腹部无釉，灰白胎。现藏于龙泉青瓷博物馆。

3. 连座青釉蹲式蟾

连座青釉蹲式蟾
360 度赏析

民国（1912—1949 年）

通长 7.1 厘米，通宽 7.1 厘米，通高 9.8 厘米。

蟾蜍呈蹲坐状，仰首，双目圆瞪，形体丰满，背部饰印纹多道，两眼部露胎呈朱砂色，鼻孔处与底部小孔连通。下底座与蟾连为一体，外壁饰回纹。底部露胎处呈朱砂色。施青绿釉，釉色莹润。功能用途为文房用具、陈设器。现藏于龙泉青瓷博物馆。

第六节　国营龙泉瓷厂时期龙泉青瓷

　　新中国成立以后，龙泉瓷业得以恢复规模化生产，龙泉窑的传承发展步入一个新的时代，再次走向辉煌。

　　1957年，周恩来总理亲自指示要恢复我国历史名窑，恢复龙泉青瓷。浙江省成立恢复生产委员会，组织各地专家前往龙泉，帮助恢复发展龙泉青瓷生产，龙泉青瓷迎来了走向复兴的春天。1956年，国营龙泉瓷厂成立；1959年，从宝溪乡抽调李怀德等一批民间青瓷艺人在上垟成立青瓷仿古小组，经过一次次技术攻关，历经无数次试制，终于在1959年国庆前夕研制成功弟窑产品。1963年，哥窑产品也仿制成功。自此，龙泉青瓷进入了再度辉煌的时期。1977年，青瓷仿古小组改为青瓷研究所。1980年，徐朝兴成为青瓷研究所所长，主持现代龙泉青瓷的设计与开发，取得了辉煌成绩。

国营龙泉瓷厂

1. 中美友好玲珑灯

徐朝兴设计，龙泉瓷厂产品。1979年，邓小平访问美国，中美友好玲珑灯被选为外交部国家级礼品，现收藏于美国白宫。

2. 牡丹凤耳瓶

牡丹凤耳瓶
360 度赏析

龙泉瓷厂产品。1959 年，为庆祝中华人民共和国成立十周年，龙泉瓷厂接受了烧制北京人民大会堂宴会用瓷的生产任务，此牡丹凤耳瓶为其中一件。生产由浙江省轻工业厅厅长翟翕武亲自指挥，由浙江美术学院（现中国美术学院）邓白教授设计，经过半年多努力，于国庆前夕完成了国庆用瓷的生产任务，这对龙泉青瓷的恢复和发展产生了重要影响。

3. 洪秀全起义

龙泉瓷厂产品，作者为杨永祥。20世纪60年代，中国科学院硅酸盐化学与工学研究所、中央工艺美术学院（现清华大学美术学院）、故宫博物院、浙江大学、浙江省文物管理委员会调查组（现浙江省文物考古研究所）等单位专家、教授全面参与和指导青瓷研究与开发。地方政府成立了青瓷彩绘生产车间，大量生产花鸟、人物题材的具有时代特征的作品。龙泉青瓷技艺开始得到全面恢复，并走出国门，行销世界各地。该作品取材自太平天国运动的历史事件，人物刻画栩栩如生。

4. 杨子荣斗小炉匠

龙泉瓷厂产品，作者为梅云鹤。该作品人物取材自样板戏《智取威虎山》，人物刻画惟妙惟肖。

5. 紫光瓶

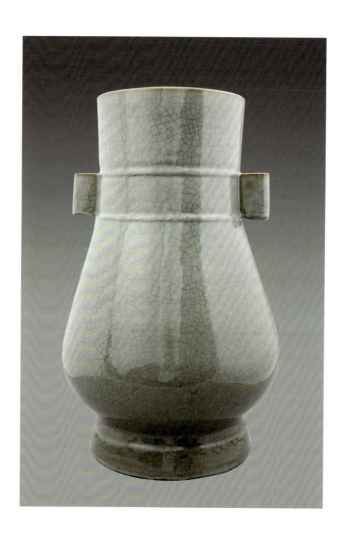

■ 龙泉瓷厂产品。1986年9月，接到浙江省轻工业厅转发国务院办公厅行政局的通知，毛正聪等赴京接受了制作中南海紫光阁陈列瓷的任务。毛正聪先行设计制作紫光瓶、紫光盘两件作品。1988年，中央工艺美术学院张守智教授来龙泉瓷厂指导，对紫光瓶、紫光盘提出修改意见。1989年，瓷厂成功烧制出两件完美精品，作品进入中南海紫光阁，布置陈列在总理接待厅正中位。

第三章

当代龙泉青瓷产业
发展创新

第一节　龙泉青瓷产业瓷发展现状

1. 青瓷餐具

餐具是日常家居生活的必需品。所谓龙泉青瓷餐具，顾名思义就是使用龙泉青瓷材料以及龙泉青瓷烧制方法来制作与生产的餐具。它具有龙泉青瓷的特征，即如玉一样的青瓷釉色。

餐具与人类饮食文化有着同样久远的历史，比如原始人类在文明开蒙之初，可能就是拿着一张比较大的植物叶子来盛装食物，如今在某些地区的饮食习惯中，仍然有使用蕉叶来当作盛装食物的工具。随着人类饮食文化的演化和发展，餐具的形式和品类也变得更为丰富多样，出现了不同材质的餐具，如陶瓷、青铜、金银、漆、玻璃、不锈钢、塑料等。陶瓷是人类文明的象征，从新石器时代的陶器，到商周时期的原始青瓷，再到东汉时期的成熟青瓷，陶瓷的发展与人类生活息息相关，特别是我们日常使用的碗、杯等生活日用器，大多都用陶瓷制作。龙泉青瓷餐具在宋代已经极具生产力，相当大部分碗类器皿都承担着餐具的角色，自宋以来，日用餐具就大量出口，成为世界紧俏产品。

在当代，虽然面临塑料、不锈钢玻璃等替代材料等的冲击，但陶瓷餐具仍然是最普遍的首选之器。与白瓷餐具相比，龙泉青瓷餐具的市场占比较少，却有很大的发展空间。随着生活水平的提高，人们开始重生活品质，重品位，重环保和健康，如翠似玉的龙泉青瓷就倍受人们的青睐。龙泉青瓷餐具采用龙泉本土优质的材料来烧制，既有地域性，又有国际范，清新自然的青绿生态色调符合当代审美。

在色彩及釉质的呈现上，龙泉青瓷跟其他陶瓷相比有非常明显的优势。比如颜色，白瓷是白色，釉层普遍较薄。龙泉青瓷的颜色是表现在釉料当中的，有梅子青釉色、粉青釉色等，多在青绿色这一色彩系统里微妙变换；质感像玉一样温润，表面釉层肥厚，也像水一样晶莹。

青瓷餐具

龙泉青瓷餐具的设计，要注意形态与功能的相互关系。外在美观的形态可以让使用者产生美好的情感感受，而功能上的实用性又可以给使用者舒适方面的感受。在对餐具的形态进行设计时，首先要考虑功能的合理性，比如一套餐具适合多少人同时使用，是在什么样的场合使用，是家庭使用还是酒店餐厅使用，这些都是有相当大的区别的。现在也常有针对一人食、二人食这样极具个性化的龙泉青瓷餐具设计，说明人们即使在一个人或者两个人生活的状态下，也极力追求生活的品质。在形态美观上，造型和装饰不仅可以表现餐具的美感，也可以使一套餐具升华成为精美的艺术品。

2. 青瓷茶具

草木皆有灵，茶是草木之属，其灵一解人之茶毒，二解人之干渴，三解人之神魂。茶在中国的历史相当悠久，已成为文人学士，乃至平民百姓的基本饮料，发展出中国茶文化，形成茶道美学。器为茶之父，一杯盛山水，一杯装丘壑。龙泉青瓷茶具早在宋代之前就有生产，北宋早期的执壶，既是装酒的器皿，也是点茶盛水的器皿。唐代茶圣陆羽，将茶器分门别类，从煎煮用器、点试用器到清洁收藏用器一一陈述；到了宋代，点茶盛行，斗茶游戏更是成了高端娱乐项目之一，点茶所用器皿无不精彩讲究；明代洪武年间"废制团茶，改制散茶"的政令实施，使茶的冲饮方式由煎煮、点茶发展到散叶冲泡。随着饮茶方式的改变，茶具也不断发生着变化。

茶具又称茶器，泛指完成泡茶、饮茶全过程所需的器皿。现代龙泉青瓷茶器从功能角度可以分为十一类：① 主茶器，包括茶壶、盖碗；② 公道杯；③ 茶杯；④ 壶承；⑤ 茶仓；⑥ 建水；

⑦ 盏托、杯托；⑧ 快客杯；⑨ 把杯、盖杯；⑩ 盖置；⑪ 花插。以下简要介绍其中几种。

（1）茶壶与盖碗

茶壶：茶壶是茶饮冲泡的主角，也是最为大众所知的茶具器皿。龙泉青瓷茶壶根据壶把安装的角度不同，可以分为一侧提壶、侧把壶及提梁壶。第一种是一侧提壶，就是茶壶把手为耳状，与壶嘴呈一条直线在壶身的两侧，这类茶壶最为普遍；第二种是侧把壶，壶把手与壶嘴呈 45 度角安装在壶身上，单把微微向上；第三种是提梁壶，以壶把为提梁，横跨过壶身与壶嘴呈一直线。

茶壶造型大致有三个类别。第一类是仿生形类型，即模仿自然之物的外形来设计造型的茶壶，以植物类仿生为多，如柿子壶、瓜棱壶、梅桩壶、竹节壶等。中国文化中许多自然之物被赋予了美好的寓意，比如竹节，代表着节节高升的愿望，也蕴含着一个人对高风亮节的追求，而柿子则包含着人们对生活"事事如意"的美好愿望。第二类是几何形类型，这类茶壶造型更具有现代设计的硬朗感觉。圆形、方形、三角形，在茶壶设计的运用中被非常广泛地使用着。第三类是艺术形类型。这类茶壶的造型设计体现了设计者的个性及个人情感的表达。设计者中也有将各种文化元素相结合来设计茶壶的，比如运用良渚文化中具有代表性的良渚玉琮的外形来设计茶壶，使传统文化与生活器物有机地结合在一起。

从工艺角度来看，茶壶的组成部件比较多，在设计制作龙泉青瓷茶壶的时候，一方面需要遵循龙泉青瓷的烧成工艺，另一方面也要注重整体造型的协调性。把各个组件合理地装置于壶身，使各部件成为有机的组成部分，使整体能够协调统一。

龙泉青瓷茶壶的装饰与材料特点紧密相关，首先因为龙泉青瓷本身釉装饰的美感已经达到一定的高度。粉青的釉色像天空一样纯净，也像美玉一般温润；梅子青的釉色苍翠欲滴，像南方春天的森林一般可以引人遐想。不附加其他装饰更能体现出龙泉青瓷茶壶的美感。当然也有运用传统装饰手法来创作的茶壶，如龙泉传统半刀泥刻划花装饰，此类装饰是建立在能够让龙泉青瓷青釉的颜色看起来更具变化的基础上的。刻划花使青釉在坯体上有厚薄变化，因而釉的青色就出现深浅浓淡的变化，使青釉具有了隐约的层次感。另一种方法是阳刻，即在坯体表面刻制出高低起伏的浅浮雕图案，既可表现花鸟虫草，也可表现高山流水，在青釉覆盖下，层次分明，活泼生动。当然还有露胎、堆塑、化妆土、绞胎等多种装饰手法。总的来说，装饰要符合茶壶造型，与壶型统一协调，因为茶壶本身就是极复杂的造型，不恰当的装饰往往会有画蛇添足的感觉。

青瓷茶具（1）

盖碗，起初是给单人使用的冲泡茶具，即一人一碗茶。盖碗的造型有撇口型及直口型，两种器型都是口径大于腹径，便于茶叶的冲泡及饮用。盖有小于碗口径的嵌盖，还有一种现在比较少见的大于碗口径的盖。嵌盖在功能上更便于冲泡及饮用：盖子稍稍开一条缝，既可避开茶叶，又可使茶汤徐徐入口；打开盖子，便于观察茶叶及茶汤，清洗便捷。底托有承托茶碗的功能，也有隔热便于饮茶者持饮的功能。泡茶者传递茶碗，有了底托，更显对饮茶者的尊重，具有礼仪上的功能。由于功能上的新发展，盖碗不仅单人单碗使用，更在茶席上具有与茶壶一样的冲泡功能，渐渐成为适应各类茶事活动不可或缺的一类茶具。跟单人使用的盖碗相比较，作为主泡器的盖碗，在细节上有了一些变化：口沿的撇口处理得更为锋利，角度处理得更易于流畅出汤和利落断水，容量相对变小，一般在120～160毫升。尺寸适宜单手捏拿。碗盖稍稍偏移，食指顶住碗盖，拇指及中指握住碗口沿，其余手指并拢，倾斜盖碗，碗盖挡住茶叶，茶汤从盖与碗的缝隙中流出，使用便捷。

（2）公道杯

公道杯，在现代茶事活动中被广泛使用，有盛装茶汤，均匀茶汤浓度的作用，也便于将茶汤分倒入品茗杯中。公道杯也称"公平杯"，是因为出汤时间的先后会造成茶壶等主泡器中的茶汤浓度不均匀，先倒出来的淡，后倒出来的浓，同一席饮茶者不能喝到同一浓度的茶，而主泡器中的茶汤先倒入公道杯中，使茶汤浓度均匀，再分茶到品茗杯，使同一席的饮茶者能喝到同一浓度的茶汤，以公平之心对待来客。

（3）壶承

壶承，类似于小的盘或低矮敞口的碗，功能类似盖碗的底托，用于承托茶壶等主泡器，其作用在于冲泡时承接主泡器中多余溢出的水，避免弄湿茶席，也可装饰茶席，提升茶席整体美感。在间接作用上，主泡器（壶或盖碗）由于有了壶承的承托，在起起落落之间，便有了承载之所、归属之地。龙泉青瓷壶承在造型与装饰上，有仿古类的，也有创新类的。仿古类的壶承基本沿用古代龙泉青瓷中盘子或洗的造型，有菊瓣盘、葵口盘、双鱼洗等等，哥窑材质以造型及开片为主，弟窑材质以釉色及刻花装饰为主。创新的类型各具特色，常将壶承中间以稍高的面突出，用于承接茶壶等主泡器，有露胎装饰、刻花装饰、色釉装饰等装饰手法。

（4）茶仓

茶仓，为储藏茶叶的容器，一般为带盖的罐子或盒子。根据储藏茶叶的种类不同，大小各异，功能上也稍有区别。如密封型茶仓、储藏型茶仓、小茶仓、醒茶仓。密封型茶仓与储藏型茶仓需要口部盖合后阻绝空气的流通，使茶叶不受外界影响，龙泉青瓷茶仓在盖口密封上近几年采用金属外接口的方法，也有用其他密封材料结合到茶仓盖子上的，如间接使用的软木塞，或直接装在盖子上的硅胶材料，或黏合在盖子上的弹性密封材料。小茶仓的容量相对较小，一般为一泡茶或两泡茶的量，方便携带，放置于茶桌上，美观雅致，泡茶时取用方便，茶叶随席用完，一般不做密封。醒茶仓通常为特殊茶类使用，如黑茶类的普洱，茶饼打开之后，需要不太密封的茶仓储藏茶叶，使茶叶透气而苏醒，更利于茶叶特性的发挥。

（5）建水

建水，是指茶席上盛装废水的容器。茶席中清洗容器的废水倒入建水。建水在茶席中如同一位隐身的君子，服务于整席茶，但不强调也不突出。鉴于这样的特性，龙泉青瓷建水在设计及制作中装饰性相对减少，多以釉色及简洁的造型为主。建水有敞口不带盖的，也有带盖的。带盖建水更为雅致，盖为平面，通常在中心位置镂空以使废水流入建水内，盖的遮掩，使茶客看不到废水。

（6）盏托与杯托

盏托与杯托，为同一种功能的器物，是放置杯盏的承托部件，通常与杯盏配合使用。杯托有盘型、碗型、高足型等。唐宋时期煎茶与点茶盛行，盏托、杯托被广泛使用，茶碗、茶杯放置于盏托之上，便于递茶者与饮茶者之间的传递，避免直接接触过烫的茶碗，也显示出对饮茶者的尊重与恭敬，传递之间显出礼仪风范，饮茶不为解渴而上升为精神的享受、文化的体现。龙泉青瓷盏托通常与杯盏的造型及装饰相适应，如花口造型的杯配同样花口造型的盏托，云纹装饰的杯配云纹装饰的杯托，杯托与杯子造型装饰相统一，成为配套系列。

青瓷茶具（2）

（7）快客杯

快客杯，是近几年流行起来的茶具，就是一套综合性的茶具，分为两种形式：一种是集主泡器、茶杯与公道杯于一身，壶嘴自带过滤功能，壶盖为杯，设计简洁流畅。这种快客杯比较适合个人在办公室、交通工具或旅游出行的路上泡茶饮用，方便携带，既能将传统茶道里烦琐的泡茶过程简化，又能满足日常的品饮需求。另一种是将收纳功能集中，壶敞口，壶身能装入若干只小的品茗杯，茶杯又兼具盖的功能，盖合后体量极小，方便在各种场合携带使用。快客杯虽然简化了流程，但又留存了基本泡茶的感觉，为大众出行饮茶便捷的使用器皿。

（8）把杯与盖杯

把杯与盖杯，为容量比较大的单只使用的茶杯，通常在办公室及会议场所使用。把杯即装有手把的杯子，盖杯即带盖的把杯。

（9）花插

放置于茶席上的花插或花器，一般形体较小，主要用于装饰茶席。一花、一叶、一花器，引花入室，别具一番风味，茶席显得更为美观雅致。

第二节　龙泉青瓷创新瓷发展现状

1. 青瓷文创品

（1）"文创"的概念

"文创"的概念从文字本意上来看，分成两个部分：一是文化。文化从狭义的角度来讲，指人们运用文字的能力及一般知识，即文化水平。从广义的角度来讲，文化包含的范围很大，指人类在社会历史发展过程中创造的物质财富和精神财富，即指受到某群体广泛认知，并形成群体思想与行为系统的精神和物质内容，包括生活中的符号语言、人文精神、民族习惯、地方习俗等，如龙泉青瓷传统文化就是一种非遗类文化的代表。二是"创意"。从字面来看，是指创造意识或创新意识。一指以创新的方式对原本存在的内容进行再解读与创造，二指以创造的方式对原本不存在的内容进行发明。将创新意识介入龙泉青瓷文创，简单来讲，是在原有形象的基础上进一步拓展龙泉青瓷产品的现代文化空间，使其能与当下人们的生活习惯与情感对接。创造意识，则是指根据龙泉青瓷的独特文化发明出新的龙泉青瓷产品形象。

总的来说，文创的概念就是在具备广泛受众并系统化的文化主题上，通过创新的方式进行再解读与创造的行为过程与相关产物。比如中国传统的十二生肖，是中国民间熟知的形象，每一年的生肖都会被诠释成不同的产品形象出现在广大群众面前。

龙泉青瓷文创产品有意思的地方在于，龙泉青瓷本身就是一种文化的代表，同时龙泉青瓷又是一种材料。因此龙泉青瓷文创产品具备了双重文化意义。以生肖文化为例，龙泉青瓷文化加上生肖文化，双重文化意义就体现在了一个产品上。

（2）龙泉青瓷文创品的创意特点

在文化主题明确的情况下，如何发挥创意特点，重新从现代视角解读文化元素，使其更能与当下的文化相融合，创造出新的受大众认可的产品，是需要研究的地方。比如青瓷文创产品太极，以中国传统功夫文化中的太极功夫为元素，创造出生动的太极人物形象，作为摆件或者香插等现代人日常生活当中可以使用的器物，文化元素为人熟知，人物形象契合文化主题，创意特点明显。

（3）龙泉青瓷文创品的风格特点

特定风格，具有明显的类型区别。青瓷文创产品在龙泉青瓷文化特有的文化属性下，本身就具有了很强的辨识度（非物质文化遗产）。所以会比较侧重在产品类型上的考量。首先是产品分类，如茶桌摆件、音乐盒、U盘、车挂、首饰盒等。了解当下大众使用得比较普遍的产品类别有哪些，日常生活当中的必需品中能够使用陶瓷材料的有哪些，产品类型适合哪些阶层的受众，都是极有必要的。

其次是文化主题的分类，有普适型文化主题与潜力型文化主题之分。普适型文化主题，即已具备广泛受众认知与文化共鸣的文化主题，如文学名著、艺术名作、历史典故、著名人物、风景名胜、国宝文物等。例如孙悟空，在百姓心中一直具备极强的号召力。潜力型文化主题，即具备引发群体共鸣潜力的文化主题，如本土文化、民俗文化、非遗文化、时尚文化、亚文化等。龙泉青瓷本身就属于非遗文化的一种。以生肖文化主题为例，龙泉青瓷在产品类型上具有很大的发挥空间，比如可生产青瓷生肖茶杯、青瓷生肖挂件及摆件、青瓷生肖香插等等。

青瓷文创品

大家所熟知的"朕知道了"胶带，是故宫文创中比较知名的产品，它是对清代皇家文化的解读，是以康熙书法为主题的幽默平面设计。胶带是大众普遍会使用的产品，普通的胶带都是透明无色的，但加入了文化元素之后，普通的胶带转化成有趣的物件而使它的价值不再等同于胶带本身。那么龙泉青瓷文创产品要如何有机地结合其他文化元素，改良、发展、推陈出新，是需要我们共同学习与思考的问题。

2. 青瓷首饰

龙泉青瓷最大的特点就是其釉质温润如玉。玉在中国是传统首饰的主要材料，它比贵金属作为首饰材料的历史还要久远许多。玉不仅材质美，更代表着中国传统文化的人文精神，也是中国古代帝王贵族身份地位的象征。儒家文化中"君子如玉"的品格象征，是玉的东方精神生动的物化体现。正是龙泉青瓷如玉的特征，使其在历史上拥有了无可替代的地位，而青瓷首饰在发展的最初阶段，正是运用了这个最为重要的特点。青瓷首饰按照其发展的阶段基本可以概括成三大类：龙泉青瓷古瓷片首饰、龙泉青瓷釉滴镶嵌首饰、龙泉青瓷创意首饰。下面我们来逐一讲解这三类龙泉青瓷首饰。

（1）龙泉青瓷古瓷片首饰

出于对古老陶瓷工艺的敬意，对古瓷片上如玉一般釉色的赞美，人们将具有宝贵历史价值的珍稀瓷片再次加工成时尚首饰，让古瓷片重新焕发出生机。笔者最早看到的一件龙泉青瓷古瓷片首饰是双鱼洗残片制作的挂件。宋代龙泉青瓷中造型经典的器皿，有双鱼洗、双鱼盘，即洗或盘的中间装饰有两条首尾相接的鱼，鱼的造型就来自于龙泉溪里的小溪鱼的模样，生动活泼，隐于龙泉青釉之下，就好像在清水中游动戏耍，十分灵动可爱，这样的碎瓷片龙泉有许多，设计者将残片中的双鱼切割成圆形瓷片，再将瓷片经过边缘打磨处理，包上金银等贵金属材质的包边，制作成挂坠，成为一件可以随身佩戴的首饰。由此，一些古瓷片中釉色肥美、苍翠欲滴的瓷片被切割成各种几何形，包边后成为老瓷片首饰。这一类首饰不仅保有古瓷片本身的文化特性及其内在的文化价值，视觉上也具有美玉的质感。将古瓷片特有的古朴本质的特点与现代时尚有机结合，将古董活化到了平常生活之中，成为龙泉青瓷古瓷片另一种全新的解读方式。

（2）龙泉青瓷釉滴镶嵌首饰

龙泉青瓷釉层肥厚，往往要多次重复上釉，使挂釉的厚度到达极限。正是这样一种厚釉烧成的方式，在高温烧制过程中，釉层流动下挂，甚至滴落到垫饼上，形成圆形如猫眼的釉滴，带给人们小小惊喜。这样的釉滴表面光滑，形状饱满，设计者起初意外获得这样的釉滴，只需磨平底面，就可以用金银等贵金属镶嵌包边，做成一件可与美玉媲美的釉滴首饰。此后发展成为专门烧制的釉滴，形状更加容易控制，釉色也更加丰富，釉质更为细腻。

（3）龙泉青瓷创意首饰

这类首饰是近几年发展起来的，跟前面所讲的两类不同。龙泉青瓷创意首饰需要经过设计者的精巧构思设计出图稿，按照龙泉窑的工艺流程制作烧成，再经过后期加工处理。品种更加丰富，有项链、胸针、手链、戒指、耳环、挂件、扣饰等，发展出一个完整的首饰体系。龙泉青瓷创意首饰不仅是工艺技巧的单纯体现，更是传统的技艺、创新的想法、时尚的概念之间的一场平衡。

除了充分利用龙泉青瓷釉色的天然条件之外，龙泉青瓷创意首饰更多的是发挥出在造型和装饰上的变化。设计者对造型的把握和表面肌理的表现要有整体性的考虑，从龙泉青瓷材料美、装饰技法自然天成的美，去探求人为装饰美与浑然天成的材质美、釉色美之间的平衡与统一，在有限中找到无限，使龙泉青瓷创意首饰在拥有材质美的基础上表现出传统文化之美。

青瓷饰品

龙泉青瓷创意首饰的表面装饰可从刻、划、画、釉等几个方面加以设计。表面纹饰处理方法有阳刻、阴刻、镂空、堆贴、黏结、印纹等。阳刻、阴刻可以在首饰表面刻划出与造型相适应的装饰纹样。镂空是指在形体的表面位置，按照设计好的图案挖出孔洞。孔洞的大小、形状排列的方式不同，会产生风格各异的图案效果。

镂空可使首饰视觉上更加轻盈玲珑。堆贴是指在陶瓷首饰的坯体表面，堆积厚薄不等、面积大小不同、形状各异的泥点或泥片，青釉烧成后具有深浅不同的层次感，也可营造出浮雕效果。黏结是指根据设计稿件将大小不同、形状不一的泥料构件用泥浆进行黏合。印纹是指用模具印制出图案花纹，能更高效快速地生产。

第三节　龙泉青瓷的文化价值

1. 龙泉青瓷的文化内涵

青瓷有着"青如玉，明如镜，声如磬，薄如纸"的美誉。青瓷在中国陶瓷史和世界陶瓷史上有着重要的意义。

龙泉青瓷有着精湛技艺，国际陶协原主席珍妮特·曼斯菲尔德就说过："青瓷的唯美釉色是国际陶瓷的标杆。"如此高的评价，离不开青瓷悠久的历史文化。国人对青瓷材质的亲近感和认同感与生俱来，这些促进了瓷业的发展。宋代是中国陶瓷制造的又一个高峰期，主要表现为官窑、民窑两大系统的蓬勃发展，出现了"官、哥、钧、定、汝"五大历史名窑及越窑、龙泉窑、建窑、景德镇窑、定窑、磁州窑、耀州窑、钧窑等八大窑系。在南宋，龙泉窑登上了青瓷发展史的巅峰。龙泉青瓷在其发展过程中形成了青釉配制、厚釉装饰、青瓷烧成、开片控制四大独特传统烧制技艺：配制出粉青、梅子青的精美釉色；掌握了素烧和多次施釉的工艺技术，以厚釉装饰来达到如玉的审美效果；龙窑烧成中，窑工们熟练掌握了用肉眼判断窑内温度、气氛的火控技术，甚至能在最长约97米的龙窑中烧制数以万计的大批量瓷器；掌握哥窑开片控制技术，使材质美、自然美、装饰美达到了完美的结合。以这种高超技艺生产出来的高品质青瓷，倍受人们推崇珍爱，供不应求。龙泉窑在元、明时期迅速扩张，大量出口，其窑业之盛、分布之广、技艺之精、产量之丰、延续之久、影响之大，令人叹为观止。

青瓷，有着一股"君子气质，东方意境"，其内在强大的生命力缘于人文精神的有力支撑。青瓷散发着温文尔雅、超凡脱俗的气质，形成了温润、沉静、典雅、清远的审美特征。其中凝聚了儒家、道家、禅宗等传统文化思想，将中国传统自然观与人文精神高度地统一，体现出典型的东方美学意境。

孔子云："夫玉者，君子比德焉。"在中国传统文化中，玉被儒家诠释为具备道德内涵的特殊性，进而赋予其仁、智、礼、义、信五德的道德含义。这种高尚的品德对后世产生了深远的影响，尤其在宋代，几乎到了登峰造极的程度。青瓷之美，绚烂之极，又归于平淡，与玉的品质极为吻合。所以，比德尚玉是青瓷的核心审美价值取向。所谓比德，是指自然物的某些特点使人联想起人的道德属性，借为人的道德品格、情操的象征，因此赋予自然物以道德意义。

青瓷具有"玉"所具有的温文尔雅、坚贞不屈的高尚品质。这不仅是一种道德情操上的锤炼，更是一种人格上的审美。古人把玉当作审美对象，赞叹并欣赏其"宁为玉碎，不为瓦全"的坚强品质，喜爱它温润光洁的外表。

因此，玉器为一代又一代文人所钟爱。青瓷的产生从某种程度上替代了玉的审美职能。青瓷发展到宋代，窑工们为使青瓷呈现如玉一样的效果，在制作工艺上，进行了大量的改良提升。釉是青瓷之魂，釉色之中饱含着窑工们对大自然独到的感悟，也体现了"天人合一"的文化观念。

纵观历代青瓷产品，器物造型流畅和谐，形体变化伸缩适度，左右对称均衡，主次明确，比例匀称，刚柔相济，体现着一种圆满中和的美。青瓷既注重材质本身的自然，同时也极为重视作为主体的人的介入。平淡简约、如冰似玉的青瓷风格正是两者的完美结合。因此，青瓷的品格得益于龙泉的青绿山水和质朴的材料，也得益于巧夺天工的青瓷技艺及人文精神的倡导。

中国青瓷的每个窑系，基本都是一个庞杂、深厚的青瓷文化集成。无论在造型还是装饰上，都体现出传统哲学思想、宫廷审美、民间信仰的相互碰撞和相互影响。以南宋皇宫青瓷礼器为例，琮式瓶、鬲式炉等的造型，大多源自商周的青铜器，体现了南宋王朝渴望收复江山的意愿和固守汉文化的心理。宗教、植物、动物、人物、文字等各类装饰纹样，题材广泛、内容丰富、内涵深刻，反映出不同时期的社会心理，折射出不同生活情趣和审美理想。

文人们反复用"千峰翠色""雨过天青""嫩荷涵露"等来形容青瓷，这其中包含的美学意蕴，恰恰与中国的文化精神契合。那碧绿清澈的色彩，和谐匀称的器形，给人"山色空蒙雨亦奇"的美感，古典含蓄，温润纯净，看似简朴，实则细节饱满、耐人寻味，这就是中国青瓷无限的文化内涵所在。

2. 龙泉青瓷的海外收藏

全球各地都分布有龙泉青瓷。日本是海外收藏龙泉窑青瓷最多的国家，收藏的青瓷品质也堪称一流。这与日本从南宋以来便有收藏中国瓷器的历史有关，另外也与日本文化对青瓷的喜爱相关。近现代，日本更是通过劫掠和贸易获得了大量的龙泉窑青瓷精品，现在东京国立博物馆、大阪的东洋陶瓷美术馆、根津美术馆都有丰富的龙泉窑青瓷收藏，一些社寺、财团也有数量不少的龙泉窑青瓷，民间个人也有丰富的等次不一的龙泉窑青瓷收藏。这里以列入国宝的三件龙泉窑青瓷为例说明龙泉窑青瓷在日本的质量和价值。

国宝是日本最高等级的文物，一般不允许出国展览。被定为日本国宝的中国瓷器总共有 8 件，其中 4 件为建窑花茶盏，3 件为龙泉窑，1 件为吉州窑茶盏。3 件龙泉窑青瓷分别为青瓷下芜花生、青瓷凤凰耳花生、飞青瓷花生。青瓷下芜花生是南宋龙泉窑青釉直颈瓶，青瓷凤凰耳花生是南宋龙泉窑青釉凤耳瓶，飞青瓷花生是元代龙泉窑青釉褐斑玉壶春瓶。除三件国宝外，日本的东京、京都、奈良等国立博物馆中也都收藏有大量的龙泉窑青瓷。

由于日本茶道仪式中对龙泉窑青瓷的喜爱，龙泉窑青瓷作为茶碗和茶室中的观赏物而被大量采购，龙泉窑青瓷在日本有中国之外世界最大的储藏量。"马蝗绊"其实是一只南宋龙泉窑青瓷棱口碗，曾是足利义政（1436—1490 年）将军旧藏，现藏东京国立博物馆，被定为日本"重要文化财"（日本物质文化遗产的等级分类表示方式，是指历史、文化等价值特别高的文物），属于第二等文物。据伊藤东涯(1670—1736 年)的《马蝗绊茶瓯记》(1727

龙泉窑青瓷的文化内涵

年）载，该碗是平安时代平重盛（1138—1179 年）将军布施宁波阿育王寺时，高僧佛照禅师（1121—1203 年）的回赠礼物。该碗流传到室町时代足利义政将军手中时，碗有开裂，足利义政派人持碗回中国原样采购。可惜当时明中期的窑工已经无法再烧制出同样的粉青釉色，只能将其打上锔钉送回。因锔钉的形状有如一只只蚂蝗趴在碗上，故名为"马蝗绊"。日本另有一只龙泉窑青瓷笠碗也被打了锔钉，因形状类似蛟龙，故有"雨龙"之称。该碗是鹿苑寺名僧凤林和尚在宽永七年（1630 年）所得。这些加了锔钉依然传承至今的龙泉窑青瓷，正体现了日本人对龙泉窑青瓷和中国器物的厚爱。一是因为器物本身之美，另外也是器物在流转中的人情故事倍添了器物的内涵和意义而为后人所重，这也是艺术意义随时空的流转而无限增生的典型案例。

英国东方博物馆隶属于杜伦大学，作为英国的东方文化研究中心，有丰富的中国艺术收藏。东方博物馆的龙泉窑青瓷主要来自马尔科姆·麦克唐纳和其他私人捐赠者，现共藏有 33 件龙泉窑青瓷，主要是宋、元、明三朝的典型器型。东方博物馆的龙泉窑青瓷藏品作为中国陶瓷的代表在展示中国陶瓷历史、制瓷技术、物质文化及传播和促进跨文化交流上起着重要的作用。

中国青瓷的
海外收藏

3. 龙泉青瓷的海外影响

2019 年 7 月 15 日，"天下龙泉——龙泉青瓷与全球化"展览在故宫博物院斋宫、景仁宫开幕。展览以龙泉青瓷为视角，阐述中外文化的交流、互鉴与发展，共展出来自 42 家国内外文博机构的文物 833 件（组）。这次展览围绕龙泉青瓷立体化地展现出宋、元以来陆上及海上陶瓷之路的兴盛发达。从展览的展品中，我们可以看到中国青瓷对海外青瓷的影响。

从考古发现看，出土龙泉青瓷的宋、元、明时期遗址遍布全球各地。同时，作为宋、元、明时期中国对外输出的主要商品之一，龙泉青瓷也出现在陆上和海上丝绸之路沿线的大部分国家和地区。在东亚、东南亚、南亚、中亚、西亚、北非、东非、南非和欧洲部分国家和地区，大量的遗址都出土有龙泉青瓷，而且很多国家也有龙泉青瓷完整器传世。这意味着，龙泉青瓷不仅在中国享有盛誉，在全世界范围内的流布和使用情况也很壮观。

由于海内外市场对龙泉青瓷需求的增加，大量陶瓷器外销在给中国带来巨额收入的同时，也刺激了中国陶瓷生产的社会分工、地域分工。中国福建、广东等地大量仿烧龙泉青瓷并用于外销，促进了中国陶瓷经济与世界经济的融合。以龙泉青瓷为代表的中国陶瓷经济处在当时世界经济链条中的上游。

同时，从12世纪到20世纪，越南、泰国、缅甸、伊朗、埃及、叙利亚、土耳其、日本、英国等国家的窑场也纷纷仿烧龙泉青瓷。他们或以自身釉陶技术模仿龙泉青瓷的釉色、器形和纹饰，或全面学习龙泉窑的制瓷技术。世界各地的窑场，以当地的技术与中国龙泉青瓷生产技术的交融、互鉴，实现了仿龙泉青瓷的生产，实现了从产品到文化的交流，形成了一波影响广泛的早期全球化进程。

宋代，在"市舶之利以助国用"的政策激励下，中国瓷器大规模输出。浙江省文物考古研究所在龙泉金村考古时发现宋代运瓷码头，长度达100多米，古代龙泉窑瓷器通过金村码头沿瓯江源源不断地销往海外。宋、元、明时期龙泉青瓷是我国瓷器外销中最大宗的主流产品，在韩国"新安沉船"中打捞出上万件龙泉青瓷，在"南海一号"沉船中也发现大量龙泉青瓷。郑和时代，龙泉青瓷作为赏赐品，赠送给沿途各国皇宫，远销亚、非、欧等30多个国家和地区。宋代以后瓷器的外销，尤其青瓷的外销主要是龙泉青瓷。海上丝绸之路的起点，也可以说是龙泉窑外销的起点。除了龙泉一带以外，境外像日本以及东南亚的泰国、越南、缅甸、老挝、柬埔寨一带，再到西亚的叙利亚、伊朗，一直到北非的埃及等，大量地发现龙泉青瓷。

在世界各地的古遗址、古墓葬中，出土了许多宋、元瓷器，其中龙泉青瓷占了很大的比重。韩国出土的龙泉青瓷，以 1976 年新安海底发现沉船所打捞出来的为多，在 1 万多件瓷器中，青瓷占 9639 件。在西亚波斯湾沿岸诸遗址，龙泉青瓷遍布各处。沿丝绸之路的伊朗马什哈德清真寺附近博物馆，陈列着完整的中国陶瓷器，以元代的龙泉窑青瓷大钵为主。伊朗德黑兰国立考古博物馆陈列着近 10 件从呼罗珊地区发现的宋、元、明等各朝代的龙泉青瓷钵和碗，特别精致的是南宋带棱大钵和篦雕牡丹纹钵。伊拉克瓦西特出土有外侧用棱形纹装饰的南宋钵，器物基本完整而又漂亮。叙利亚的哈马遗址发现了龙泉青瓷碎片，其中有内侧中央贴附花形纹的元钵残部。土耳其托普卡普沙莱博物馆陈列着 13—14 世纪前半叶的龙泉青瓷钵和碗。在这些青瓷的内侧中部贴满了像饼干形状大小的菊花形的图案。在非洲发现的中国古瓷中，宋、元时期的龙泉青瓷最多。埃及福斯塔特出土大量 11—15 世纪的龙泉青瓷，典型器有北宋内壁刻划缠枝花纹。苏丹的埃得哈布港也发现有龙泉青瓷。东非被誉为中国瓷的储仓，如格迪大清真寺遗址附近就出土 305 件（片）中国古瓷，其中的青瓷主要是龙泉窑产品。蒙巴萨地区出土许多青瓷，器型主要是小碗和盘，釉色浅青，均属龙泉青瓷。以上所举，还只是各地出土中国青瓷的一部分。

意大利的罗马国立东方艺术博物馆、法恩扎国际陶瓷博物馆等世界各大博物馆都收藏有中国古代龙泉青瓷，并以此为荣。龙泉窑产品在参与开拓"海上丝绸之路"中发挥了重要的作用，在世界商贸、文化交流史中对人类产生了至深的感召力。

中国青瓷的
海外影响

名家访谈：大师气象

1. 龙泉青瓷艺术名家访谈录——徐朝兴

2. 龙泉青瓷艺术名家访谈录——陈爱明

3. 龙泉青瓷艺术名家访谈录——卢伟孙

4. 龙泉青瓷艺术名家访谈录——汤忠仁

5. 龙泉青瓷（同济大学、丽水学院、中国金融信息中心联合出品）

6. 龙泉博物馆三维全景图

龙泉青瓷艺术名家访谈录——徐朝兴

龙泉青瓷艺术名家访谈录——陈爱明

龙泉青瓷艺术名家访谈录——卢伟孙

龙泉青瓷艺术名家访谈录——汤忠仁

龙泉青瓷（同济大学、丽水学院、中国金融信息中心联合出品）

龙泉博物馆三维全景图

后　记

中国陶瓷文化是中华优秀传统文化之一，而龙泉青瓷正是其中一颗闪耀了1700多年的璀璨明珠，它既有独特的地域文化标识，同时也是中华文化的代表性符号。一部青瓷史就是一部文化史。陈万里先生曾说："一部中国陶瓷史，半部在浙江；一部浙江陶瓷史，半部在龙泉。"龙泉青瓷作为一张世界"非遗"的金名片，有着"青如玉，明如镜，声如磬，薄如纸"的美誉，可被视为中国历代青瓷工艺发展的总成。

在党和国家大力提倡弘扬中华优秀传统文化的背景下，如何让龙泉青瓷得以传承与发展，这是每一位青瓷艺术工作者、研究者、管理者需要共同思考的问题。丽水市委、市政府对龙泉青瓷的振兴高度重视，指示要做好剑瓷文化的"深化、物化、转化"工作，让青瓷之路——开放之路重现辉煌。丽水学院贯彻"特色办学"理念，以龙泉青瓷文化为根本和依托，致力于青瓷的创新与转型，致力于探索"龙泉青瓷艺术创新人才培养"新机制，培养青瓷手工艺综合型人才，促进青瓷手工艺术的传承与发展。丽水学院中国青瓷学院的青瓷基地被评为2019年全国普通高校中华优秀传统文化传承基地、浙江省社科普及基地和丽水市研学基地等。中国青瓷学院在泰国东方大学孔子学院、龙泉中职校、青瓷小镇等挂牌，合作办学。龙泉青瓷艺术赏析、青瓷器皿设计等课程被评为2019年浙江省本科高校省级线下一流课程；中国青瓷艺术鉴赏、龙泉青瓷工艺等线上精品课程成为全校学生的青瓷艺术通识教育课程。

这本新形态教材《龙泉青瓷艺术赏析》，让我们可以一边追寻着龙泉青瓷的发展演变历程，一边踩着千年前焦黑的窑土，摸着哥窑、弟窑的瓷片，聆听青瓷大师的亲身示范讲解；还可以亲手垒起高岭土，目睹自己的作品在千年窑火中的神奇变化。赏析青瓷艺术，感受青瓷魅力，弘扬青瓷文化，既是出版这本新形态教材的初衷，也是丽水学院相关青瓷课程长久以来的坚守。与普通的教材不同，本书涉及龙泉青瓷的历史、文化、工艺、美学等多方面内容，对龙泉青瓷进行了多角度的梳理和介绍。本书的不同之处，还在于它打破了传统教材的形式，不仅含有丰富的视频资源，还增加了 3D 虚拟青瓷博物馆、青瓷作品动态观看等多样的阅读方式。读者可以利用信息媒介观看本书，身临其境般地在博物馆中欣赏、研读青瓷作品。

本书的出版工作，受到丽水学院领导的关心，得到龙泉青瓷博物馆领导的指导和浙江大学出版社领导的支持，获得了社会各界人士对龙泉青瓷传承与发展工作的热心关注，在此，我们表示衷心的谢意。同时我们要特别感谢丽水学院中国青瓷学院院长周绍斌教授为本书作序；感谢龙泉青瓷博物馆为我们提供实物拍摄机会和大量图文资料；感谢中国工艺美术大师徐朝兴、中国陶瓷艺术大师陈爱明和卢伟孙、龙泉溪山陶瓷有限公司创始人汤忠仁百忙之中接受我们的访谈；感谢丽水学院王拥军教授对本书的专业指导；感谢浙江点创信息科技有限公司和智慧树团队对视频的精心拍摄制作；感谢浙江大学出版社马海城及陈丽勋编辑对本书出版给予的协助和支持。

龙泉青瓷历史悠久，闻名中外。作为浙江省普通高校"十三五"首批新形态建设项目和全国普通高校中华优秀传统文化传承基地——青瓷基地的成果，编撰团队深感荣幸，也倍感压力。由于时间仓促，书中尚存诸多有待解决的问题与不足，疏漏之处在所难免，计划在初版成书之后再进行补充和修订，希望使用本书的师生提出意见和建议，同时也衷心欢迎同行专家不吝指教。

《龙泉青瓷艺术赏析》编撰团队

2020 年 4 月 21 日

图书在版编目（CIP）数据

龙泉青瓷艺术赏析 / 季忠苑主编. -- 杭州 ： 浙江大学出版社，2020.7
　　ISBN 978-7-308-20364-7

Ⅰ．①龙… Ⅱ．①季… Ⅲ．①龙泉窑－青瓷(考古)－鉴赏 Ⅳ．①K876.34

中国版本图书馆CIP数据核字(2020)第121663号

龙泉青瓷艺术赏析

季忠苑　主编

责任编辑	陈丽勋	
责任校对	赵　珏	
封面设计	春天书装	
出版发行	浙江大学出版社	
	（杭州市天目山路148号　　邮政编码　310007）	
	（网址：http://www.zjupress.com）	
排　　版	杭州林智广告有限公司	
印　　刷	浙江省邮电印刷股份有限公司	
开　　本	787mm×1092mm　1/16	
印　　张	3	
彩　　插	32	
字　　数	110千	
版 印 次	2020年7月第1版　2020年7月第1次印刷	
书　　号	ISBN 978-7-308-20364-7	
定　　价	35.00元	